回復力

失敗からの復活

畑村洋太郎

講談社現代新書

1979

はじめに

私が日頃から「個人も社会も失敗をもっと積極的に取り扱おう」と、失敗学を提唱していることもあり、私のもとにはよく、さまざまな人から失敗の相談が持ち込まれます。残念ながらすべての人に対応している時間はないので、相談をお断りすることもありますが、社会的に影響が大きい失敗や、その当人が深刻なダメージを被っている場合は、なるべく受けるように心がけています。

大きな失敗をした人たちは、みんな落ち込んでやってきます。「あのときこうすればよかった」「なぜあんな対応をしてしまったんだろう」と後悔の念に苛《さいな》まれている人も少なくありません。なかには「生きているのが辛い」と思い詰めている人もいます。

こうしたとき、いつも感じるのは、最初から失敗することを望んで行動している人はいないということです。ほとんどの人は、自分ができることをちゃんとやっているのです。しかし、それでも起こってしまうのが失敗です。失敗は、どんなに優秀な人でも決して避けることができない、ひとつの宿命のようなものなのかもしれません。

ちなみに失敗とは、簡単に言うと、人の行動や選択の結果、その人や周囲の人の意図しない、そして望まない結果になることです。

避けようとしても起こってしまうのが失敗であるのなら、起こってしまった失敗と付き合って、それでも何とか乗り越えて生きていくしかありません。

それが小さな失敗だったら、多くの場合、すぐに立ち直って、その失敗を糧としてさらに前進することができるでしょう。でもそれが周りの人にも大きな影響を与えるような、あるいは人を傷つけてしまうような失敗だった場合、その人はすぐには立ち直ることができないかもしれません。人によってはそこでめげてしまってチャレンジをやめてしまうかもしれません。

人は必ずしも、大きな失敗からすぐに立ち直れるほど強くはないのです。

でも一方で、人には必ず「回復力」というものが備わっています。その回復力を信じることができれば、時間を経てまた前に進むことができます。私は多くの失敗を見ることからこうしたことを学んできました。

「回復力を信じる」といっても、そのためには多少のコツが必要です。そのコツとは、「失敗との付き合い方」と言い換えてもいいかもしれません。残念ながらうまく付き合えず、回復しないままで終わってしまった人も数多く私は見てきました。

本書では、失敗学を通じていろいろな失敗を見てきた私が、失敗した当事者がどのように失敗と付き合っていけばよいのか、どうすれば復活することができるのか、そのコツをさまざまなエピソードでご紹介するというのがテーマになっています。

実際に失敗の渦中にある人はもちろん、「自分は失敗なんてしないさ」と思っている人にも是非読んでいただきたいと思っています。なぜなら最初に書いたように、失敗しない人なんてこの世にはいないからです。

目次

第3章　失敗したら誰の身にも起こること ―― 53

第1章　人は誰でもうつになる

相次いだ学生の自殺

まずはじめに、私が失敗との付き合い方を考えるうえで、ベースになった出来事から話を始めたいと思います。

私がまだ東大工学部の講師をしていた一九七〇年代のはじめのことです。

校舎内でお昼ご飯を食べているときのこと、突然、窓の外を大きな黒い影がさっと落下していくのが見えました。「えっ」と、びっくりした瞬間、続いて「ドスン」という何とも言えない重苦しい音が響きました。影の正体は飛び降り自殺をはかった学生でした。

屋上から飛び降りたその学生は、実験装置を地下に搬入するクレーンにぶつかって即死しました。「ドスン」という音はいつまでも私の耳の奥に残り、しばらくは心が痛みました。

当時はなぜか工学部で学生の自殺が続きました。夜遅くまで大学の研究室に残っていると、警察から「そちらの学生が地下鉄の駅で電車に飛び込んで自殺をしたので、後始末のために署に来てもらいたい」と電話がかかってきたこともありました。

私はその頃、研究室の学生やOBたちに声をかけて、毎週金曜日の夜に大学で自由参加の勉強会を行っていました。警察から電話がかかってきたのは、たまたまその勉強会のために夜遅くまで大学に残っていたときのことです。

後始末といっても書類にサインをする程度で、バラバラになった学生の遺体を直接見たわけではありません。私が駆り出されたのも、その学生と関係が深かったから、というわけでなく、夜遅くでたまたま大学から給料をもらっている立場の人間がほかにいなかったからでした。それでも警察署の待合室で彼らの作業が終わるのを深夜まで待っていたときには、亡くなった学生のことを考えながら、何とも言いようがない空しい気分にさせられたのを覚えています。

また、やはり警察から大学あてに「そちらの学生が松本の山中で首つり自殺をしたので誰か来てもらいたい」という電話がかかってきたこともありました。

当時は学生の自殺がひとつの社会現象になっていた時期でもあったので、東大工学部だけが特別に自殺者が多かったということではないかもしれません。それでもあまりに続いて自殺者が出るので、教授会で「一度お祓《はら》いをしたほうがいいのではないか」という声があがったくらいですから、深刻な問題になっていたことは確かです。

専門家から学んだこと

私は立ち会っていませんが、このお祓いは実際に行われたようです。一方、神頼みをするだけではなく、もっと実効ある対策を考えようということで、教授会で東大病院の精神科医を招いた特別講義が何度か行われました。

学生の自殺の原因はさまざまでしたが、いずれにしても大学の中の人の関係がうまくいっていなかったのは明らかです。そこで「学生のメンタル面を正確にとらえて大学運営を行う必要がある」という声が高まって、教授や講師たちが専門家に教えを請うことになったのです。

自殺をはかった学生の大半はうつ病を患っていたようです。でもいまと違って当時はまだ、うつ病がどんなものなのか一般的にはまったく理解されていませんでした。そんな時代に学生たちを指導する教授たちが、専門家からうつ病やうつ病患者への対応方法を学んだのですから、これは非常に画期的なことだったと思います。

当時聞いた専門家からのアドバイスで印象に残っているのは、「この人はちょっとおかしい」と感じたときには「どのようにおかしいかをしっかりと見極めることが大切」

というものでした。

たとえば同じ精神病でも統合失調症（当時の病名は分裂病）とうつ病はまったく違うので、それを「しっかり区別しなければ適切な対応はできない」ということを教わりました。

その後、私は教授として多くの学生を指導することになりましたが、以降も専門家から教えてもらったアドバイスに沿った対応をいつも心がけました。学生の態度を注意深く観察し、自分で判断するのが難しいと思えたときには、大学の保健センターの精神科医に連絡して、おかしく見えた学生を専門家に直接診てもらいました。

そこで統合失調症と判断されたときには、その後の対応をすべて専門家に任せました。統合失調症は「素人が扱えるものではない」と言われていたからです。その一方で、うつの状態にある学生に関しては、自分自身で可能な限りサポートに努めました。

うつに関して専門家からもらったアドバイスは、「うつというのはすべての人間が持っている性格だと思いなさい」というものです。それはつまり、ある状況になればうつは誰でもなり得るものだという意味です。それこそ「風邪をひいたとか腹を下したと同じようなことが、頭の中で起こっていると考えなさい」と教わりました。

私はそのことを頭に入れて、うつの状態にある学生のサポートに取り組んできました。学生たちと直接的なやりとりを行う機会の多い研究室の運営で、相手の精神状態をいつも注意深く見守るようにしてきたのです。

お蔭でその後は、どのような状態の学生がうつ状態に陥りやすいかが、ある程度わかるようになりました。そこまで一生懸命になれたのは、やはりかつて見た、窓の外を落下していく大きな黒い影のことが忘れられなかったからだと思います。

うつ状態に至る三つのパターン

私が実際に見たケースでは、うつ状態に至る代表的なパターンはおよそ三つありました。それは「目標喪失」「越えられない高い壁」「先が見えない」の三つです。

一番目の「目標喪失」は、大きな目標を達成した直後に無気力状態になってひどいうつになるパターンです。いわゆる〝五月病〟です。これは東大に入ることを目標にがむしゃらに頑張ってきた学生たちによく見られました。東大合格に代わる目標をなかなか見つけることができず、そのうちに気力が失せていくのです。

二番目の「越えられない高い壁」は、なかなか実現ができそうにない大きな壁が自分の前に立ちふさがり、その前で意気消沈してうつ状態になっていくパターンです。これは卒論の研究に取り組んでいる学生によく見られました。はじめは誰でもはりきって研究に取り組みますが、研究が思うように進まないこともしばしばあります。そのうちに期日が迫って来ると、焦りから気力が空回りし、ついには無気力状態になって身動きがまったくとれなくなってしまうのです。

三番目の「先が見えない」は、将来の不安を感じながらうつ状態になっていくパターンです。これは就職活動を行っている学生によく見られました。先が見えないのは非常に不安で、自分がどう対応していいかわからないと思い悩んでしまいます。そのうちにうつ状態がひどくなっていくのです。

じつは私自身、一番目と三番目のパターンでうつ状態に陥った経験があります。

私が一番目の「目標喪失」のパターンでうつ状態になったのは、やはり大学に入学した直後のことでした。それまでは東大に入ることを目標に頑張って勉強をしていましたが、その反動で、目標を達成した直後に大きな喪失感を覚えることになったようなのです。まさに典型的な五月病でした。

もちろんその頃はまだ、うつ病という言葉さえ知らないし、突然の変調の原因が何なのか自分ではまったくわかりませんでした。とにかく自分が何をしたらいいかがわからず、判断能力がなくなって、自分自身で何かを考えたりつくったりといったことが一切できなくなってしまいました。

たとえば気晴らしのために旅行をしようにも、自分ひとりで旅行の計画が立てられないのです。食事をする場合も、「何を食べる」とか「何をつくる」といった選択ができないのです。当然、食欲もなくなりました。

最も面倒だったのは人付き合いです。人と約束して会ったり、何かの集まりに参加するといったことは、無意識に避けていました。万事がそんな調子で、とにかく「自分で何かを決めて行動する」ということが一時期はまったくできなかったのです。

この状態から何とか脱することができたのは、やはり人間が本来持つ「回復力」のお蔭でした。不思議なもので、このようなひどい状態に追い込まれても、しばらくするとエネルギーが蓄えられてきて自分で行動できるようになります。私の場合もそのようにして無気力状態から抜け出すことができました。エネルギーが少し回復したとき、以前と違う環境に適応しようと意識して動いた結果、新たな目標が見つかって、それと同時にうつ状態が自然と消えていったのです。

一方、三番目の「先が見えない」でうつ状態に至るパターンは、それから四〇年以上経って大学を定年で辞める数年前に経験しました。定年というひとつの節目を迎えて、今後はどのように家族を養っていくのか、あるいは自分のこれからの過ごし方をどうすればいいのかが、当初よくわからずに思い悩んだのです。そのうちにだんだんとやる気がなくなり、決断力が鈍くなっていきました。

それは明らかにいつもの自分とは違う状態でした。自己診断の結果、うつ状態のときに現れる特徴が見られたので、おかしな行動に走らないように自分で注意したのを覚えています。

この窮地を救ってくれたのは、当時一緒に共同研究をしていた医学部の先生でした。その先生の専門は精神科ではありませんでしたが、あるとき私が、「自分がいまおかしな状態になってるんだよ」と話したところ、この先生は自宅や大学、携帯電話などすべての電話番号を教えてくれて、「苦しくなったらいつでも電話してくれていいから」と言ってくれたのです。

その言葉に素直に甘えて、私は何度かその先生に電話で相談をさせてもらいました。相談といっても、ただこちらが一方的に話をするだけです。たったそれだけのことですが、私のほうはずいぶんと心が楽になりました。

このときの私の悩みの原因は、定年後、進む道があやふやで、将来の自分の姿が見えないことでした。この先生は私の話を聞いて事情がよくわかったようで、あるとき「それなら私が再就職先を探してあげましょうか」と言ってくれました。私は、その言葉を真に受けてはいませんでしたが、そのように言われただけでずいぶんと勇気づけられました。

ところが相手は本気だったようで、本当に再就職先を探してきてくれました。じつはその頃、私の周りには、こちらからとくに頼んだわけではないのに、同じように私の再就職先を探してくれる人が何人かいました。自分はただ思い悩んでいただけですが、それを見た周りが見かねて動いてくれたのです。こうしてありがたいことに、いろいろな話が持ちこまれるようになりました。また私自身、定年後に自分がやりたいことが定まってきたので、そのうち悩みは自然に解決したのでした。

「責任の重さ」からうつに

精神科の医師でもない私が、うつの話をしているのは、冒頭にも触れたように、私が失敗との付き合い方を考えるベースになっているのが、うつへの対応だったからです。

失敗が原因でうつになる人は大勢います。とくにそれが大きな失敗の場合、その人のふだんの性格などに関係なく、誰でもうつになる可能性があります。そうした場合は、周りも細心の注意を払う必要があるし、本人もそれを自覚して動かないと取り返しがつかなくなる場合があります。

たとえば責任のある立場にいるときに、失敗してその「責任の重さ」に押し潰《つぶ》されてうつになるというのも、はじめて大役を任された若手から経営トップにいたるまで、よく見られます。

とくに大組織のトップという立場にいるときに、その組織が死傷者や大きな被害を出すような大失敗を起こした場合、トップが負うべきリスク、かかってくるプレッシャーは膨大なものです。

もちろん組織のトップというのは、失敗が起こらなくても負担が大きいことに変わりはありません。自分の判断の間違いが大きな失敗に直結するので、組織運営の判断をするときには常にプレッシャーにさらされています。

また、組織の内側だけでなく、外との関係を調整するのもトップの仕事です。いまの社会では、他人の発言や行動に対して厳しい見方がされるのが当たり前になっています。そういう批判に応えながら組織も守らなければいけないので、それがまた大きなプレッシャーになります。

そこで迷いが生じて、判断がしづらくなることも当然あります。そういうときでも、トップには組織の内と外の両方から容赦なくプレッシャーがかけられます。そうした緊張状態が長く続くと、どんなにタフな人でも心身が疲弊していきます。そして、そこからの回復がうまくできないと、体調を崩すだけでなく気力がなくなり、やがては判断能力がなくなってうつ状態になり、動けなくなることがあります。

背負うべき責任が大きければ、どんなにタフな人でも潰されてしまう危険があります。たとえば、二〇〇八年八月に惜しくも亡くなった山之内秀一郎さんの宇宙航空研究開発機構（JAXA）での経験もそうでした。山之内さんは、鉄道マンとして長らく国鉄やJR東日本で活躍し、JR東日本の会長職を経て、JAXAの理事長を務めた方です。

私は山之内さんの生前に、責任者として数々の失敗と向き合ってきた話を聞くことができました。それはどれも興味深いものでした。山之内さんは鉄道時代に安全管理の責任者を務めていたこともあり、多くの修羅場を経験しています。そうした彼にとっても、宇宙事業というまったくの異業種に移ってからの経験は、また特別なものだったようです。

山之内さんが何度も請われて旧・宇宙開発事業団の理事長に就任したのは、ＪＲ東日本の会長職にあった二〇〇〇年七月のことです。当時の宇宙開発事業団は、二回連続でロケットの打ち上げに失敗したことで窮地に追い込まれていました。それまで理事長には科学技術庁の出身者がなるのが慣わしになっていましたが、国会議員を中心に「役人に任せていてはダメ」「後任は民間から」という声が高まり、山之内さんに白羽の矢が立ったのです。

理事長に就任した当初、山之内さんは「ロケットは失敗するのが当たり前だから気楽な気持ちで頑張ろう」と考えていたようです。しかし就任してすぐ、とてもそんな余裕がないことを周囲の言葉から実感することになります。就任の挨拶に行くたびに言われるのは、「国家的なプロジェクトとして今度失敗したらもう次はないよ」「絶対に成功しないとダメ」といった厳しい言葉ばかりです。次第に日々のプレッシャーからご飯が喉を通らなくなったそうです。

そんななか、エンジンの最終試験でターボポンプのボルトが十数個吹っ飛ぶ事故に遭遇します。就任からわずか一ヵ月後のことです。部下からの報告は「実際の条件より厳しい条件で実験をしているのだから本番では問題ない」というものでした。一方で、宇宙開発委員会の技術評議会からは「重大事故なので設計変更すべき」という勧告を受け、会議では侃々諤々《かんかんがくがく》の議論が行われました。

このとき山之内さんは、「勧告があるならそれに従うべき」という立場を貫いて周りを説得します。結果的には、この出来事をきっかけにトップとしての力量が周りに認められることになりました。その後、H2Aロケットは、二〇〇一年八月の一号機から五回連続で打ち上げに成功します。その功績が評価され、宇宙開発事業団、宇宙科学研究所、航空宇宙技術研究所の三機関をまとめた独立行政法人のJAXAが二〇〇三年に発足したときには、初代の理事長を任されることになりました。

ところがJAXAの理事長としてはじめて臨んだH2Aロケット六号機の打ち上げ（二〇〇三年一一月）に失敗し、再び窮地に立たされます。このときのトラブルは、打ち上げ後に第一段ロケットに取り付けた二本の大型固体補助ロケットのうちの一本が分離できなくなるというものでした。そのままでは衛星の軌道投入に必要な高度と速度が得られないので、打ち上げから一一分後、地上からの指令で情報収集衛星二機を載せていたロケットを爆破せざるを得なかったのです。

こういう重大な決断はトップが行わなくてはなりません。「打ち上がったロケットが目の前でだんだん高度が下がっていくのをなすすべもなく見ているのは本当に嫌だった」と、山之内さんは私に当時の心境を話してくれました。

誰でもうつになる

私は事故調査委員のひとりとして、この事故の原因調査に関わっています。調査でわかったトラブルの原因は、ロケットブースタのノズル内面の断熱材に、開発時の想定を超えた「表面後退」(ノズルの内表面が高温高圧の燃焼ガスにくい削られ、ノズルの厚さが減り、表面が後背部に移動すること)が発生したことでした。打ち上げ直後にノズルが破れ穴が空き、そこから燃焼ガスが漏れ出しました。その漏れ出したガスにより、近くに装着してあった分離用導爆線の温度が上昇、分離信号を伝達する導爆線の機能が喪失してロケットブースタの切り離しができなくなったのです。

この種の問題は、一度や二度の実験ではなかなか見つけられません。そこがロケット開発の難しさです。ふつうの機械の場合は、安全が確認できるまで試験を何度でも繰り返しますが、特殊な技術を扱っているロケットではそれができません。だからもともと宇宙開発事業では、ある程度の失敗が避けられないのです。

世界の宇宙開発を見ても、ロケットの打ち上げは二〇回に一回程度の確率で失敗しています。これを基準に考えると、日本のロケット事故がとくに多いわけではないことがわかります。一九六九年にスタートした日本の宇宙開発事業は、アメリカの一〇分の一程度の予算で進められています。打ち上げ回数も数十回程度で、アメリカ（千数百回）やロシア（二〇〇〇回以上）に比べるとはるかに劣りますが、それでいて世界のトップレベルの技術に押し上げたことは十分に評価に値するものです。

ところが世間はそのような見方はしてくれません。打ち上げに失敗したという事実だけがすべてであるかのような扱いをするのがふつうなのです。とくにロケットの場合、国家的なプロジェクトとして注目度が高いので、一度でも失敗すると「技術立国の信頼性が揺らいだ」と厳しい批判にさらされます。事故後、山之内さんは組織のトップとしてこのような批判を一身に受けることになりましたが、その際に感じたプレッシャーは相当なものだったでしょう。

当時、山之内さんは責任をとるべく辞任を決意しますが、当初は「代わりがいない」という理由で周りはそれを許しませんでした。かといって批判がなくなることはないし、「今度失敗したらただではすまない」とばかりに周囲からのプレッシャーはむしろ強くなりました。それでいて失敗を避けるために必要な「納得できるまでの試験」をする余裕はないという状況で、ジレンマを感じて一時期は一睡もできない状態が続いたといいます。

医者からは「過労死寸前だから仕事を辞めるべきだ」とアドバイスされたそうです。それでも周りは「代わりがいない」と辞任を許しません。そのうちに体中から汗が出てくるようになり、ついには気を失って倒れてしまいます。先の打ち上げ事故から一〇カ月後のことです。

ここに至ってついには医者から「命と仕事のどちらを選ぶか、いま決めなさい」と迫られます。事態が事態だけに結局、今度は周りも辞任の申し出を受け入れてくれましたが、当時のことを振り返って山之内さんは、「あの言いようのないプレッシャーの中でそのまま理事長職にとどまっていたら自分はそのときに確実に死んでいた」と話していました。

山之内さんをここまで追い込んだのは、宇宙開発事業に対する周囲の無理解が原因です。ロケットの打ち上げは本来、未知のことへの挑戦という、いわば失敗するのが当たり前の世界なのです。それなのに社会は「一度の失敗も許されない」という見方をしているのですから、そこには大きなミゾがあり、それがプレッシャーとなります。

このプレッシャーは宇宙開発事業に携わる人にとって非常に重荷になっているようです。とりわけすべての責任を負わなければならないトップにかかる重圧はすさまじいものがあります。鉄道事業の責任者として数々の失敗を収拾してきた山之内さんでさえ、このように心労から命を奪われそうになったくらいなのです。何も手を打たずにこの種の問題をそのまま放置してしまうと、過度な重圧によって犠牲者を出すことは避けられなくなってしまいます。

失敗した人や失敗のリスクを負う人をこのような形で必要以上に追い込まないようにするには、根本的には、失敗に対する社会の認識を変えるしかないのです。私自身失敗学を通じてそうした社会の認識を変えるための活動を行ってはいますが、状況を大きく変えるにはまだまだ時間がかかるでしょう。

だから一方では、失敗した人や失敗のリスクを負う人が潰されないようにするための取り組みを、社会や組織として真剣に行わなければならないと思っています。

そして、その前提には、人は誰でも失敗するし、そうした場合は、誰でもうつなどの精神的ダメージを受ける可能性があるという認識が必要なのです。だからこそ、大きな失敗をした人に対しては、精神的なケアを含む周囲のサポートが重要なのです。

第２章　失敗で自分が潰れないために大切なこと

「人は弱い」ということをまず認める

本書の冒頭でも触れたように、私のところにはさまざまな大失敗をした当事者が相談にやって来ます。これは私にとっても、よい勉強の機会になっています。人のナマの失敗話を聞けるチャンスはなかなかありません。ふつうは頼んでも断られる、大失敗した当人の話を聞く貴重な機会を相手から提供してくれるのです。話を聞くことで私自身も、失敗に対する見方や失敗後の対処法など、考えがさらに深まっているのを実感しています。

ところで、こうした多くの失敗談を聞くうちに、私はある思いを強く持つようになりました。それは「人は弱い」ということです。

人はその弱さゆえ、傍《はた》から見ると明らかな失敗をしている場合でも、自分ではそれが失敗であるとすぐに認めることができないときがあります。そのため失敗の上にさらに失敗を重ねることもよくあります。そして、ようやくその人が失敗を失敗と認めることができたときには、すでに手遅れになっていて、傷口が大きく広がって深刻なダメージを受けていたりということもあります。

なかには最初から潔く失敗を認めることができる人もいますが、そのような人でも失敗した直後に正しい対応をとれる人はあまりいません。

なぜなら、失敗によってショックやダメージを受けると、当人は穴が開いたような状態になって、エネルギーが漏れていってしまうからです。そうなると、失われたエネルギーが回復しないことには、その人は正しい判断や行動もできません。だから失敗直後にその後始末をすぐにうまく行うことができないのです。

よほど奇特な人を除けば、自分が失敗することを望んでいる人はいません。仮に失敗をしたら、それをすぐにカバーすることで周りからの信頼を取り戻したくなります。ところが、失敗直後はダメージを受けてエネルギーが失われているので、なかなかうまくいきません。それどころか、焦っているうえに頭が働いてくれないので、むしろ間違った行動をすることで、ダメージをさらに大きくしてしまうことのほうが多いのです。

これは典型的な悪循環による自滅のパターンです。このようにして自分からどんどん泥沼の状態にはまり込んでいる人はたくさんいます。

このような自滅パターンにはまり込んだ人には、ある共通点があります。それは冒頭で述べた「人は弱い」という認識が欠けていることです。私はそれを失敗した当人たちと話をしているうちに気がつきました。

程度に差はありますが、失敗したときには誰だってショックを受けるし傷つきます。本人は気づかないかもしれませんが、直後はエネルギーが漏れてガス欠状態になっています。こういうときに失敗とちゃんと向き合い、きちんとした対応をしようとしても、よい結果は得られません。大切なのは「人（自分）は弱い」ということを認めることです。自分が、いまはまだ失敗に立ち向かえない状態にあることを潔く受け入れて、そのうえでエネルギーが自然に回復するのを待つしかないのです。

不思議なもので、人はエネルギーが戻ってくると、困難なことにも自然と立ち向かっていけるようになります。これは人間がもともと持っている「回復力」の為《な》せる業です。回復に必要な時間は人によっても失敗の種類・大きさによってもまちまちですが、エネルギーが回復すると必ず自発的に行動したくなります。そうなるのをひたすら待つのが、遠回りのようですが、じつは最善の策なのです。

失敗に立ち向かえないこともある

多くの人は、何か行動を起こすとき、うまくいったときのことをイメージしながら

「こうすればうまくいくはず」「こうあるべき」と考えて行動しているはずです。最初から自分が失敗したときのイメージを持って行動できる人はあまりいません。

しかし、うまくいく状態をイメージしながら行動していても、ふつうはなかなか思い通りにはいきません。結果としてうまくいくことより、むしろ失敗することのほうが多いものです。

そう考えると、「最初から失敗を想定して行動する」というのは、非常に大切な考え方であることがわかります（そのことは第6章であらためて詳述します）。でも多くの人は、「うまくいくはず」や「こうするべき」で動こうとします。

失敗後の対処も同じです。「こうすれば大丈夫なはず」とか「このような対処をすべき」と、これまたうまくいく状況をイメージして動こうとします。

しかし、そうした「はず」や「べき」にはとくに根拠はないので、当然、うまくいくどころか傷口をさらに広げることのほうが多くなります。

実際、失敗後に「はず」や「べき」で行動している人の多くは、よかれと思った行動で逆に自分を窮地に追い込んでいます。

なぜそのようなことが起こるのか。それは失敗のショックやダメージが、自分が想像している以上に大きいことが計算に入っていないからです。人は失敗するとすごく大きなエネルギーをロスするということがわかっていないのです。

失敗が「成功の元」であり「成功の母」であると心の底から信じている人は、「どんな大きな失敗とも真正面から向き合って対処できる」と考えるかもしれません。しかし実際に失敗してしまったとき、その失敗と真正面から向き合える人はそうそういるものではありません。

大きな失敗の直後であればなおさらです。そうした場合、ふつうは失敗について考えることさえ苦痛で、その時点では「失敗に向き合ってちゃんと対処することなど不可能ではないか」と思っています。

そんな状態でもなかには、「失敗とは真正面から向き合うべき」「失敗と向き合っていれば必ず道が開けるはず」と考えて頑張ろうとする人もいます。しかし、このように無理して自分を鼓舞し続けるのは、自滅の方向に追い込んでいるのと同じことです。なぜなら失敗に立ち向かうエネルギーがないのに、無理矢理エネルギーを絞り出すことを自分に強《し》いているからです。そのようなことを続けていたら、もともと減っているエネルギーがすぐに涸《か》れ果てて潰れてしまいます。

苦しいときにも頑張って、一時的に無理をするというのは、確かに窮地から脱するひとつの方法です。ただし、この方法が使えるのは自分にまだエネルギーが残っているときに限られます。エネルギーがないときに頑張ろうとするのは、勝つ見込みの薄いギャンブルに身を預けるようなものです。エネルギーがそれほど残っていないのに、自分に負荷をかけ続けたら、あっという間にエネルギーがなくなってしまいます。その挙げ句、潰れて再起不能になっている人は現実にはたくさんいます。

このように、自分で自分を追い込んでしまうということが、失敗直後にはよくあります。これとは別に、周りが失敗した当人を追い込んでしまうこともよくあります。そのなかでも最悪なのは、悪気がなく相手を追い込んでしまうことです。

失敗した人に向かって、よく「もっと頑張れ」と声をかける人がいます。その人はよかれと思ってやっているようですが、これはほとんどの場合、相手には励ましどころかたいへんな苦痛になっています。

失敗した人は、心の中では「いまの状況に負けずに頑張りたい」と思っています。しかし、そう思っていてもエネルギーが枯渇しているのでなかなか行動することができません。そのときに周りがかける「もっと頑張れ」という言葉は、「もっとエネルギーを出せ」と言っているのと同じです。つまり、エネルギーがないのにエネルギーを出すことを強いるのです。これでは励ますどころか、逆に失敗した人を追い込むことにしかなりません。

こういうときに周りがやらなければいけないのは、当人に余計なプレッシャーを与えず、エネルギーが回復するのをひたすら待つことです。ところが、「はず」や「べき」を大切にしている人にはそれができません。むしろ自分が抱いている理想論を前面に出して、エネルギーを失っている人に対してつい厳しく接してしまいますが、これでは逆効果です。

エネルギーを失ったときには、人は失敗に立ち向かうことはできません。それはどんなに強い人でも同じです。そのことを理解しないと、失敗後の対処をうまく行うことはできないのです。これは失敗を考えるときの大前提です。

立ち向かえないときにはこうしよう

エネルギーは人間の行動の源です。これは自分自身の考え方や行動を変えるのに不可欠なものです。失敗からできるだけ早く回復するには、失われたエネルギーをいかに上手に早く溜めるかが大切になります。

ただし、このエネルギーは、意識して自分で生み出せるようなものではありません。それが非常に辛《つら》く悩ましいところです。

だからといって、よそから注入できるものではないし、自分で努力したり、周りから励まされることで出てくるものでもないのです。それこそ岩から湧き水が滲み出してくるように、自分の中から自然に湧き出て来るのをひたすら待つしかありません。そして、そのように何もできずに待つしかないということが、失敗のショックやダメージによって打ちひしがれている人に、輪をかけて辛い思いをさせる原因にもなっています。

失敗した人はたいてい、「できるだけ早く汚名を返上したい」という思いを持っています。それなのにエネルギーの回復をひたすら待たなければいけないのは非常に辛いことです。それができずに、焦りからつい、エネルギーが十分に溜まりきらない中途半端な状態で動き出してしまう人もたくさんいます。

このときに、多少なりともエネルギーが回復していれば、失敗と向き合ってそれなりに行動することはできます。しかし、自分の考えや行動を変えるだけのエネルギーがまだあるわけではないので、せっかく奮闘しても状況を大きく変えるまでには至らないことが多いのです。残念ながらこれではエネルギーの無駄遣いにしかなりません。

もちろん、苦しい状況の中で頑張った努力が報われることもあります。しかし、こういうことは滅多にありません。頑張って動いても、よい結果が得られないことのほうが多いのが現実です。だから動きたくてもがまんして、自分の考えや行動を変えるだけのエネルギーがしっかりと蓄積されるまで待ってから行動するほうが結果としていいのです。これはスポーツ選手のケガと同じことです。ケガが治りきらないうちに焦って復帰しようとすると、結果として回復が遅くなってしまいます。

ちなみに、回復に必要な期間は人によっても失敗の程度によっても異なります。三日で立ち直ることもあれば、三ヵ月ほどかかることもあります。失敗のショックやダメージが大きいときには、三年以上かかることもあるようです。

いずれにしても、エネルギーが戻ってくると人は必ず自発的に行動したくなります。誰にでもその時期は必ずやって来るのです。多くの失敗者と接するなかで、私はそのことを確信するようになりました。

だから、自分の「回復力」を信じて、その瞬間をひたすら待つのが失敗への最高の対処法なのです。

とはいえ、エネルギーが蓄積されて自発的に行動ができる時期が来るまでひたすら待てといっても、「そんなに待てない」と考える人は多いでしょう。失敗の影響が自分だけではなく周りの人にも及んでいるケースはなおさらです。

こういう場合、待ったなしで失敗への対処を迫られることになります。それなりに時間を置けばうまく対処できることはわかっているのに、悠長に構えることはできないのですから、これは本当に辛いところです。

それでもエネルギーが回復しないことには、本当の意味で失敗に立ち向かうことなどできないことに変わりはありません。そうなると現実的な対応をするしかありません。苦しい状況からうまく逃げたり、周りからのプレッシャーをかわしつつ、エネルギーの回復を待つのです。

自分の考えや行動を変えるのに必要なエネルギーは、意識して生み出すことはできませんが、それでも自然に湧き出て来るのを促すことは可能です。以下にあげるのは、すべてそのための方法です。

「逃げる」

苦しい場面から逃げ出すのは、一般的には「見苦しいこと」と考えられています。確かにこのような態度は潔くありません。しかし、よい対処法が見つからないのにその場に居続けることは意味がありません。そういうときに一時的にその場から逃げ出すのは、決して間違ってはいません。

頭の中で「真面目《まじめ》に対処しなくては」と思っていても、行動が伴わずにその通りにできないことはよくあります。それでも頑《かたく》なに「真面目であること」にこだわるのは本当にいいことでしょうか。そんな考えを貫いていたら、エネルギーがなくなって、すぐ潰れてしまうだけです。

それよりも、自分が非力であることをさっさと認めて、その場から一時避難するという現実的な対処法を使ったほうがはるかにいいと私は思っています。

もちろん、逃げることで、「あいつはなんてチャランポランな奴だ」と批判する人もいるでしょう。

それでも真面目に頑張って潰れるよりはマシです。逃げたことをとやかく言う人たちは、頑張った当人が無理して潰れたとしても、助けてくれるような人たちではありません。失敗した人の辛さがわからないそんな人たちの言っていることなど、気にすることはないのです。

もちろん、ここで言う「逃げる」は、「責任を放棄する」という意味ではありません。あくまでエネルギーが回復するまでの一時避難です。一時的にその場から離れるだけでも、その人は自己否定の思考回路から逃れられ、自滅の道へと陥ることを避けられます。これはたいへん意味のあることなのです。

「他人のせいにする」

逃げることには「どうしても抵抗がある」という人もいるでしょう。そういう人は、失敗したことを肯定する言い訳を用意するのもひとつの手です。失敗したことを「しようがないことだった」と考えたり、「自分は悪くない」、あるいは「他人のせいで失敗した」と意識して考えるのです。

これまた潔い考え方ではありません。しかし、口に出さずに頭の中でそう考えるだけでも、状況はだいぶ変わります。

誰でもそうですが、失敗直後は思考が否定的になりがちです。そんなときに失敗への対処法を一生懸命考えたところで、前向きで適切な答えはなかなか出てきません。むしろ、「あのときこうすればよかった」と、起こったことをクヨクヨしたり、「このままでは自分はダメになってしまう」と、起こってもいないことをクヨクヨしたり、後悔や自責の念が強まるだけです。そんな出口のない問答を繰り返しながら泥沼状態に陥っていくのです。

頭の中で自己否定を繰り返しているうちは、建設的な考えは絶対に生まれてきません。つまり失敗直後に大切なのは、こうした否定的な思考の連鎖をまず止める、ということなのです。

言い訳を用意することは、そのための有効な手段です。思考の負の連鎖を止めるためにあえてこのように考えることは、決して悪いことではありません。

「おいしいものを食べる」

思考の負の連鎖を止め、エネルギーが回復するのを促すためのちょっとした方法は、ほかにもいろいろあります。

昔から「腹が減っては戦はできぬ」とか「腹がくちくなると幸せになる」と言われて

います。これは真実だと私は思います。

失敗をすると、気持ちばかりが焦って食事が喉を通らなくなったりします。そのとき「いまは食べてる場合じゃない」「どうせ何を食べても味がわからないのだから」と食事をとることをおろそかにする人もいますが、これは大間違いです。

それでなくても失敗者は、エネルギーをロスしています。そのときに心身に活力を与えることになる食事をしないと、さらなる悪循環を招きかねません。そのため失敗の直後は、ことさらきちんと食事をして栄養を補給するのです。

「お酒を飲む」

お酒を飲んで憂《う》さを晴らす、というのは、何か辛いことが起こったときの対処法のひとつの定番になっています。しかし、ここでいう「お酒を飲む」は、現実逃避のためにぐでんぐでんに酔っぱらって正体をなくすのとはちょっと違います。

おいしいお酒を飲むと人はゆったりとした気持ちになれます。そのときのお酒はまさしく最高の心の薬です。ものごとを悲観的な方向からしか考えられない状態から解放してくれます。そういう心地よい状態を意図的につくることでエネルギーの回復を促すのです。

その意味では、日頃からメリハリのある飲み方をしておくことをおすすめします。私の場合、お酒を飲むことを、頑張った自分へのご褒美としています。たとえば、大事な仕事の前に、「これが終わったらおいしいお酒を飲む」というふうに、目の前にニンジンをぶら下げておくのです。そうすることで仕事へのはずみがつくし、仕事が終わって緊張状態から解放されたときも楽しくお酒を飲むことで、エネルギーの回復が促されるようです。

「眠る」

心身に活力を与えるという意味では、「おいしいものを食べる、飲む」だけでなく「眠る」ことも同じくらい有効な手段になります。いずれも心身をリフレッシュさせる効用があるので、失敗と立ち向かうためのエネルギーが自分の中から出てくるのを手助けしてくれます。

心身がリフレッシュされると、頭が柔軟に働くようになります。同じものを見ていても、それまでとは違った風景が見えるようになってくるのです。それが失敗から脱する大きなヒントになったりするので、しっかり眠ることでリフレッシュをはかり、頭が柔軟に働くようにするのが大切なのです。

そうはいっても、失敗のショックやダメージが大きいと、頭の中で否定的な思考がグルグル回ってふつうに眠ることさえできません。そういうときには睡眠薬の力を一時的に借りるのもひとつの手です。

とにかく失敗の辛さから離れて心身をリフレッシュさせる時間をつくることが重要で、「眠る」のはそのためのひとつの有効な手段です。

「気晴らしをする」

辛いときにはどうしてもそのことばかりを考え続けてしまいます。でも否定的な思考回路が働いているときにいろいろ考えても、よいアイデアは浮かんできません。だからそこから意識を外すためには、気晴らしを見つけるのです。

こういう場合にやるのは、集中できて、なおかつふだんはあまりやらないことのほうが気分転換になります。たとえば、いつもは控えているギャンブルをしてみたり、買い物を楽しむというのも効果的です（もちろん「エネルギー回復のための投資」と割り切れる程度の金額を上限にしましょう。そうしないと違う悩みを抱えることになりますから）。

運動も気晴らしになりますが、私の経験では、別のことを考えながらできるものより、集中していないと危険が伴うものがいいようです。たとえば、水泳は別のことを考えながらでもできるので、泳いでいる最中につい辛いことを考え続けたりということがあります。しかし、スキーは神経を集中していないと事故を起こす危険があるので、余計なことを考えずに没頭している状態をそのままエネルギー回復のための貴重な時間にできるわけです。

「愚痴を言う」

否定思考の悪循環から逃れるには、人の力を借りて元気になるというのも有効な方法です（これについては、あらためて第5章で詳しく取り上げます）。

ひとりで悶々と考えているうちは、否定的な思考はなかなか止まりません。ところが、それを何かの拍子に口に出すと、その瞬間から不思議と自分を冷静に見つめることができるときがあります。先ほどの「しょうがない」とか「自分は悪くない」と考える、あるいは「他人のせいにする」を実際に口に出してやってみるのです。

ただし、愚痴を言う相手は、誰でもいいというわけではないようです。私の経験から言えば、特別な興味を示しはしないものの、かといって恩着せがましく聞いているような態度を一切見せない、相手の話を否定せずにただ淡々と話を聞いてくれるような人が理想です。

じつは私が失敗した人の相談に乗るときも、基本的にはこのような態度で臨むことを心がけています。相手の言っていることに一切反論はしないし、話に矛盾があってもそれを突くこともなければ、言っていることの善悪を指摘することもありません。その場で聞いたことをよそに漏らさないという守秘義務を約束したうえで、相手が話したいことをただ淡々と聞いているだけです。たったそれだけのことでも相手は安心できるようで、相談後には不思議とみんな元気になっています。

これは本音で話をすることが、その人にとって心が休まる状態になっているのだと思います。自分を心地よい状態に置けたことで、エネルギーの回復が促されているのです。

おそらくそのときの私は、相手にとっては〝精神的な布団〟のような役割を果たしているのでしょう。相手の思いに合わせて包み込むように接しているから、相手は自分の思いを口にするだけでエネルギーを回復させることができるのではないでしょうか。

仕事帰りのサラリーマンが同僚と赤提灯で一杯やりながらぐだぐだ話すというのは、昔からよく見られる愚痴を言うときの定番の光景です。最近は若い人たちを中心に、こういうお酒を飲みながらのコミュニケーションを嫌がる風潮がありますが、これはもったいない話です。もともと赤提灯は、愚痴を言いたい人にとっての駆け込み寺のような場所なのです。エネルギーの回復を促すには、そういう場所で気心の知れた相手と愚痴を言い合うことも必要だし、決して意味のない行為ではないのです。

もちろん、ここであげた以外にも、エネルギーの回復を促す方法はいくらでもあります。周りに大きな被害や迷惑をかけるようなことでなければ、どんな手段を使ってもよいのです。多少の迷惑には目をつぶってもらって、自分に合ったやり方でエネルギーの回復を促すといいでしょう。

繰り返しになりますが、失敗したときというのは、頭ではわかっていてもエネルギーが失われているので、なかなか失敗に立ち向かうことができません。そのときにあれこれ考えたところで、自己否定の思考の悪循環に陥るだけです。そういう場合は心身を休めることを優先しなくてはいけません。

つまり、失敗によって自分が失ったエネルギーを、まず回復する方向にいかに向かわせるか、それが失敗にうまく対処するための、はじめの重要なポイントになるのです。

第３章　失敗したら誰の身にも起こること

失敗したときに生じる思い

前章では、失敗で自分が潰されないためにどうすればよいのかというコツを紹介しました。そこでのポイントは、自分のエネルギーがなくなりそうなときは、まずエネルギー回復を考えようということだったわけですが、この章では、もう少し細かく、失敗したときの当人の心の動きに焦点を当てて、失敗したときにその人の身にどのようなことが起こるか考えてみましょう。

失敗したときの反応は、多くの場合、段階的に表れます。その反応は人によってそれほど変わりません。

神経が極端に図太かったり、よほど感度が鈍い人を除けば、人は失敗したときにまず「しまった」と感じます。そして、がっかりしたり、その状況が嫌で嫌でたまらなくなります。あるいは何も考えることができない茫然自失の状態になります。

これが失敗直後に起こる第一段階の反応です。

なぜほとんどの人は、失敗直後に「しまった」と感じるのでしょうか。それは起こっている失敗を前にして、当然こんなことが起こることを数のうちに入れておかなくてはいけなかったのに、と感じるからです。こうした事態になるということを考えて行動していればよかったのに、自分は何もしなかったからこんなことが起こってしまったということを瞬間的に感じるのです。

よく失敗が起こってから、「まさかこんなことが起こるとは思わなかった」と言う人がいます。つまりその人にとって「想定外」のことが起こったということですが、この「想定外」も大きくふたつに分けられます。起こってしまった現象が、まったくの想定外であるということがそのひとつです。しかし多くのケースでは、一応は想定していたものの、そんなことが実際に起こるということを計算に入れていなかったのです。

つまり、知識として知っていたり、頭の中では「そうしたことが起こるかもしれない」と考えているのに、それでも失敗してしまうのです。この原因は一言で言うと、「油断」です。

この種の失敗をする人は、「失敗など滅多に起こることがない」「たぶん大丈夫だろう」と、根拠もなく考えています。面倒くさがりでもあります。だから本当は重視しなければならない大切なことをつい軽く扱ったり、何が大事であるかのウエイト付けを行わなかったりします。その結果、やらずもがなの失敗をして、自分の思慮のなさを後悔することになります。これはまったくムダな失敗の典型ですが、こうした人はなぜ失敗が起こったのか、その原因を本当は知っています。だから、そこで起こったことにきちんと向き合うことができれば、次から同じ失敗を繰り返すことはありません。

しかし、そうは言っても、実際に失敗直後に自分が起こした失敗の原因をすべてきちんと理解できる人はなかなかいません。なかには、そこで何が起こっているかさえ把握していない人もいます。

なぜなら知識として知っていても、現実に起こる問題として考えていないから、実際に目の前で起こっていることと、自分の知っていることを結びつけて考えることができないのです。これでは知らないのと同じことです。もっとひどいケースでは、自分が失敗したことにすら、いつまで経っても気づかないような人もいます。

自分の身に直接起こる事柄を想像する

第一段階の「しまった」の次にやってくるのは、「痛い」とか「損をした」という思いです。これは失敗によって自分の身に直接起こる事柄を想像するようになる第二段階の反応です。

このときの「痛い」という感覚は、失敗によって生じる肉体的、あるいは精神的な損害を想像したときに生じる思いです。一方の「損をした」は、金銭的な損害に対するものです。これらはいずれも、自分の身に直接及ぶ被害のことに意識が向かったからこその反応です。

「痛い」や「損をした」というのと同時に、「困った」とか「どうしよう」という思いが生じることもあります。これはその失敗がまったく予測していなかった想定外のものであるときに出てくる反応です。

起こってしまった失敗について、あらかじめ対応策が自分の頭の中に用意されているときには、「困った」や「どうしよう」といった思いが強く出てくることはありません。こういう場合は、直接的な被害のことを思い浮かべた段階で、その人の意識や思考が対応策のほうに向かうからです。

以前、「想定内」という言葉が流行語になったことがありました。ライブドアの堀江貴文元社長が口癖のように使い続けていたからですが、これは目の前で起こっている現象が「想定した範囲内のものである」という意味です。別の言い方をすれば、これは「仮想演習」が済んでいる状態を指しています。

仮想演習については第6章であらためて詳しく触れます。これは要するに、未来に起こり得ることをあらかじめ想定して検討を行うということです。仮想演習が済んでいるということは、問題が発生したときにどう対応すればいいのか、その答えをすでに自分が持っていることを意味します。

それでも失敗をしたら、やはり「痛い」とか「損をした」と感じるでしょう。しかし、これからどうすればいいかという対応策がわかっているだけで、ずいぶん気は楽です。もちろんこの場合でも、失敗したことには、大きなショックを受けます。しかし、失敗したといってもある程度想定した問題が起こっているだけと考えれば、慌てふためいて「困った」とか「どうしよう」と呆然とすることはないわけです。

外側との関係に悩む

失敗によって自分の身に直接起こる事柄を想像した後に、外側との関係を考え始めます。このときに生じるのは「恥ずかしい」という思いです。また、できることなら失敗のことを人に知られたくないと思い、失敗を「隠したい」と考えることもあります。これが第三段階の反応です。

日本の社会では、失敗はまだまだ「よくないこと」と位置づけられています。事実、多くの会社で失敗は減点の対象になっています。失敗が「嫌なこと」「恥ずかしいこと」として嫌われることが多いのは、失敗がマイナス評価と直結していることもあるでしょう。

実際、周りの評価がまったく気にならない人などほとんどいません。どんな人でも少なからず周りがその失敗をどう見ているか気になります。だから自分が失敗したことを「恥ずかしい」と思ったり、できればその失敗のことを周りに知られないように「隠したい」と考えるのです。

ただし、これには個人差もあります。たとえば繊細で敏感な人なら、些細《ささい》な失敗をしたときでも周りがそれをどう見ているかが気になるでしょう。ところが鈍感な人だと、かなり大きな失敗をしたときでも開き直って悠長に構えています。

それでは失敗に向き合うときの態度としては、どちらが適切なのでしょうか。

一般的には、感度のよい敏感な人のほうがいかにも優秀であるかのように言われることのほうが多いのですが、失敗との関係で考えると、必ずしもそうは言えません。敏感で感度がよすぎる人は、ほんの些細な失敗でくじけてしまう危険があります。一方、鈍感な人の場合、失敗した自分を必要以上に追い込むことがないので、精神的な回復が早く、失敗後の対処がスムーズにできることが多いようです。

もちろん致命的な大失敗につながる原因を見逃さないためには、「感度のよさ」や「敏感さ」も必要になります。でもこれはあくまで失敗の原因を探り、失敗を起こさないようにするときの話です。起こってしまった失敗の受け止め方としては、敏感であるのはあまりいいことではありません。こういうときはむしろ周りの評価に鈍感でいたほうがいいくらいで、そのほうが失敗後の対処を含めて何かとうまくいくことが多いのです。

〝正論〟というオバケ

周りの評価に鈍感でいたほうがよいという理由のひとつが、〝正論〟の存在です。

何か失敗が起こると、必ずこの〝正論〟を振りかざして、失敗した人を責め立てる人が現れます。「もっと注意すれば防げた」とか、「管理の問題云々」というのがそれです。

しかし、こうした正論の通りに行動したところで、実際には失敗が完全に避けられることはほとんどありません。なぜなら、こういう場合に使われる正論の多くは、きちんとした分析によって導かれたものでなく、たんなる建前論になっているからです。正論とは名ばかりで、その人の主張を正当化するための詭弁《きべん》であることもあります。

こうしたものでも、いかにも正しいことを言っているように聞こえると、つい気になって耳を傾けてしまいます。ところがこれはもともと実際の場面ではきちんと機能しないものが大半ですから、言われた通りに行動してもプラスになることは滅多にありません。逆にマイナスに働くことのほうが多いくらいで、耳を傾けたばかりに進むべき道の選択を大きく間違えてしまうこともあります。

こうなるともう〝正論〟という実体のないオバケに振り回されているようなものです。こういうものは真面目に相手をしてもあまり利益になりません。

一方で正論は、使い方によっては相手を攻撃する武器や自分を守る防具にもなる、たいへん便利なものです。たとえば、自分より立場が強い上司や組織を相手にするときは、正論をあえて振りかざして〝おとなの事情〟や〝組織の論理〟に対抗すると、有力な武器になります。

しかし、一般的には、柔軟さがなく、社会をきちんと観察していない人ほど正論を好みます。これはちゃんと自分で見て考えるという訓練をしていないから、紋切り型の正論につい頼ってしまうからです。しかしそれでいて、社会で幅を利かせているので困ったものです（ワイドショーなどを見ると、まさに〝正論〟が毎日あふれています）。そして正論を主張する人は、「自分は正しいことを言っている」と信じて疑わないので非常に厄介です。

ところが先ほど述べたように、実際は建前論や詭弁であることが多いので、傾聴して自分の中に取り込んでも、あまり役には立ちません。だからといって露骨に無視をするとかえって強い反発を招くことになるので、扱いが難しいのです。

聞く側の態度としては、一応は耳を傾けているふりをしながら無視をするというのが無難でしょう。正しいことを言っているように聞こえても、実際には真剣に相手をする意味がないものが多いことを理解し、聞き流すのです。

鈍感さという財産

一時期、「鈍感力」という言葉が流行りました。これは「困難があっても細かいことは気にせず前向きに取り組んでいく力」というふうに説明されています。私は、起こってしまった失敗と付き合っていくときにこそ、鈍感力を発揮するべきだと思っています。

世の中には、生真面目《きまじめ》で責任感が強く、「失敗した自分をどうしても許すことができない」という人がいます。こういう人が許容範囲を越えて追い込まれると、突然自暴自棄になって、結局それまでやっていたことをすべて投げ出したりということが起こります。我慢強い人は苦しくても必死で頑張ろうとしますが、それでうまくいくことは滅多にありません。頑なになってさらに自分を追い込んでしまうだけで、それがうつから自殺へという悲劇につながることもあります。

こうなると、「責任感が強い」と褒めている場合ではなくなります。自分の許容範囲を越えて頑張ってしまうのは、明らかに過剰反応です。結果として自分が辛いだけではなく周りにも大きな迷惑がかかります。

こうした態度は、人が生きていくうえでプラスになるどころか、むしろマイナスになることのほうが多いのです。失敗への対処について「後始末は必ず自分でする」というのはたしかに正論ですが、それで自分を追い込んでしまっては意味がありません。

私は子どもの頃から、母親に「おまえは鈍感だ」と言われることがよくありました。

もちろんそれは褒め言葉ではなく、なかばあきれられていたわけですが、あらためて自分の人生を振り返ってみると、この鈍感さに守られたり、鈍感であるがゆえに困難な状況を乗り越えられたことが、何度もあったように思います。

私の場合、とくに「人の思惑」といったものに鈍感でした。たとえば、相手が自分のことを嫌ったり疎《うと》んじていても、「それを感じないからおまえは平気でいられる」ということを母親からよく言われました。

自分が嫌われることがわかると、ふつうは敏感に反応してその人に対する接し方まで変わってしまいます。嫌われている相手には、無意識のうちについ嫌な応答をしてしまうので、それに相手が再び反応する形でどんどん関係がまずくなっていくものです。そうこうしているうちに、相手は自分が何かをするときに一切協力しなかったり、逆に妨害をするようになったりします。こうして敵対関係が生まれます。

ところが、人の思惑に鈍感な私は、自分を嫌っていたり疎んじている相手（もちろんそのときは相手がそんなことを感じているなどとは気がついていないわけですが）とも、それほど態度を変えることなく接しています。もちろん、そうすれば相手との関係がよくなるということはありません。でも相手のことを嫌だとか苦手だとかいった反応を示すわけではないので、少なくとも相手との関係がそれ以上悪くなることもありません。それが結果として、自分の活動を積極的に妨害する敵をつくらないことにつながっていたようです。

また、私は窮地に追い込まれたときにも自分の鈍感さのために、救われてきました。これまでの人生を振り返ってみると、重荷を背負って潰されそうになったことは何度かあります。その時点では結構客観的に、「自分はいま、たいへんな状況の中にいるんだ」といつも自覚していました。ただし、そのことでクヨクヨと悩み続けるようなことはなかったように思います。

できることを淡々とやる

こうしたたいへんな状況のときに、いつも心がけていたのが、自分ができることをただ淡々とやり続けることです。そのうちに周りの状況は徐々に変わっていきます。そして、気づいたときには、いつの間にか窮地から脱していたということが何度かありました。前述したうつ状態に至る三つのパターンのうち、二番目の「越えられない高い壁」のパターンに私がならなかったのは、このためもあった気がします。

雪山や砂漠などに取り残された遭難者が、奇跡的に助かったということが話題になったりします。彼らはなぜ生き延びたのか。もちろんさまざまな幸運が重なった結果でもあるのでしょうが、彼らの話を聞くと、こういう絶体絶命の状況から脱することができた人たちには、自分が非常に困難な場所に置かれていることを自覚しつつも絶望せず、その時点でできることを淡々と行っていたという共通点があるようです。

目の前にある高い壁のてっぺんを見ていると、とても乗り越えられそうに思えません。しかし、その途中には目印になるポイントがいくつかあります。自分が困難な状況にいるのは事実であっても、とりあえずは身近なポイントを目標にして行動するのです。そのようなことを繰り返しているうちに、彼らは乗り越えられそうに思えなかった高い壁を乗り越えてしまったのです。

失敗した直後は、なかなかこうした気持ちにはなれません。気が焦って一挙に情勢を挽回しようとしたり、何とか目の前にあることだけに反応して対処しようとしたり、自己否定の悪循環にはまり、ひたすらクヨクヨし続けたりします。繰り返しになりますが、こうなると傷口はさらに広がります。

だからこそ先述したように、場合によっては、逃げたり休んだりという場面を自分で意識してつくることで、その状況から少し距離を置くことも「あり」ですし、その一方で、いまの状況は窮地だということを自覚しながら、その時点で自分がよかれと思うことをひたすら淡々とやることをこころがけるのです。

これは傍若無人《ぼうじゃくぶじん》というのとは違います。できることを淡々とやるというのは、好き勝手に行動するという意味ではありません。自分の置かれている厳しい状況をあえて悲観も楽観もしないで、その時点で自分ができる最善の策を淡々と実行し続けるのです。そして、それができた人だけが、絶望的な状況からの生還を果たすことができるのではないでしょうか。

第４章　失敗後の対処

失敗を認める

前章では、人が失敗したときの反応を見てきましたが、そもそも人は失敗した「事実」すら素直に認めたがらないものです。

たとえば、明らかに自分のせいで失敗した場合、人は目の前で起こっていることが失敗であると認めたくないので、目の前で起こっている悪い結果をなるべく見ないようにします。そして、周りから何も言われなければ、何事もなかったかのようにそのままやり過ごそうとします。

失敗した人がこのような曖昧《あいまい》な態度をとりたがるのは、失敗を認めた瞬間に、前章でも説明したように、辛くてたいへんな思いをしなければならないからです。背負わなければならない荷物も出てきます。だから可能であれば、何事もなかったかのように振舞おうとします。これは一種の自己防衛反応です。

それでうまくやり過ごせればいいのですが、もちろんそれほど甘くはありません。失敗を認めずに事態を見ないようにしていると、ふつうは状況がどんどん悪くなっていきます。そして、気づいたときには被害が取り返しがつかないくらいに大きくなっていることもよくあります。

自分が失敗したことを素直に認めたくない気持ちは、どんな人にもあります。そのため目の前で起こっていることが失敗かどうかの判断さえ無意識のうちに避けてしまいます。失敗を素直に認めるのは、簡単なことのように見えて、非常に困難なことなのです。だいたい失敗を素直に認めて、「めでたしめでたし」ということは、現実の世界ではまず起こりません。

そのことを理解して、この難題をいかに克服するかが、失敗後の対処をうまくやるためのポイントになります。

第2章で「逃げる」「他人のせいにする」などの方法をあげましたが、それは自分の失敗を認めたうえで、それに押し潰されずにエネルギーの回復を待つための一時避難策です。

そもそも失敗を失敗として認めないうちは、そこで何が起こっているかを正しく理解できません。悪い現象が起こっていてもすぐに「そんなはずはない」と否定してしまうし、自分が悪い状態にあることを自覚しても、原因についてはせいぜい「自分は運が悪かっただけなんだ」くらいにしか考えられないからです。これでは失敗後の対処がうまくできるはずもありません。

しかし、不思議なもので、「これは失敗なんだ」と自分の失敗を認めることができた瞬間から、状況が一変します。レンズのくもりが晴れたように、いろいろなものが見えるようになるのです。失敗と正面から向き合うことではじめて、いまどういったことがどういったシナリオで起こっていて、それによってどのような問題が発生しているかとか、今後どのように展開していくかなど、見えてくるようになるのです。

そうなった段階で、人はようやく「失敗後の対処」という次のステップに進むことができます。裏を返せば、失敗を失敗と認めないうちは、失敗後の対処など考えることができないし、悪い現象を前にして何ひとつ手を打つことができないのです。だから失敗にうまく対処するには、自分の失敗を認めることが大切な第一歩なのです。

「自分の評価」と「他人の評価」

目の前で起こっている困難な問題にうまく対処するためには、状況を正確に把握しなければなりません。失敗への対処も同じで、どういうことがどういうシナリオで起こっているか、どのくらいの影響をどのくらいの範囲に与えるものかなど、失敗を正しく評価するところからスタートします。

この評価が正しくできないと、間違った判断や行動によって状況を悪化させ、周りに迷惑をかけることになります。それは結果として自分自身を苦しめることにもなるので、失敗にうまく対処するためには、失敗を正しく評価することが不可欠になります。

一般的に、失敗の評価の方法は大きく分けると二種類あります。それは「自分の評価」と「他人の評価」です。

自分の評価とは、その人自身の価値観に基づく評価の方法です。一方の他人の評価は、人との関係の中でつくられている社会の価値観に基づく評価の方法です。「自分の評価」で失敗を見る場合、その判断はどうしても甘いものになりがちです。失敗したことを認めたとしても、無意識のうちにどうしても軽いものと考えがちです。だから「自分の評価」は、失敗を実際より小さな問題と考える「過小評価」になりやすいのです。

一方「他人の評価」は、これとは正反対です。その判断はむしろ「過大評価」になりがちです。とくに失敗した細かい事情がよくわかっていない場合、過大評価は顕著になります。社会や組織の価値観を重視するあまり、失敗の結果や原因を実際より大きなひどいものとして見てしまうのです。

その挙げ句、他人の些細なミスをあげつらうように、小さな失敗に対して大騒ぎすることもあります。失敗したという結果を重視して、必要以上に失敗した人を責め立ててしまうのです。企業が不祥事を起こしたとき、世論を煽動するようにマスコミが騒ぎ立てることがありますが、これなどはその典型例です。そのミニ版として、失敗した人をことさら責めて人事評価などを落とすといったことは、多くの組織で行われています。

失敗の評価が実際より大きなものとして扱われるようなことが続くと、失敗した人は必要以上に責め立てられるのを怖れて、ますます失敗を隠すようになります。

後述しますが、私は失敗を隠すことが悪いことだとは必ずしも考えていません。隠しても影響がない場合は隠してもいいのではないかと思っています。しかし、隠されたために、大失敗の防止につながる大切な情報が社会に伝わらないこともあります。これでは本末転倒です。失敗や失敗した人の責任を過大に評価して責め立てることには、結果として社会に大きなマイナス効果をもたらす危険性があるのです。

もちろん社会側の過大評価だけが問題というわけではありません。

たとえば、企業不祥事の扱いに関して言えば、失敗が過大評価されるのは、もちろん不祥事を起こした企業の側にも責任はあります。

失敗をしたとき、自分の責任を小さく見せたがるのは万人に共通の心理ですし、不祥事を起こした企業の多くはそのように行動しがちです。失敗の評価を行うときにも、自分たちの評価にのみ基づき、結果を実際より小さなものとして扱うことがよくあります。

しかし、自分の失敗を実際より小さなものとして扱う態度は、周りで見ている人には到底納得されません。自分の起こした失敗に対し、その当人が「この失敗はたいしたことないよ」という言動をしたとたん、「あいつの話は信用できない」として、周りからは集中砲火を浴びます。それでなくても他人の失敗を見るときには、誰でも厳しい見方をしているのです。一度「信用できない」というレッテルが貼られたら今度はそのレッテルをはがすのに、最初の失敗の対処どころではないエネルギーが必要になります。

だから、常に「他人の評価」というものがあるんだということを、意識して動く必要があるのです。

「絶対基準」を持とう

「自分の評価」と「他人の評価」、それぞれに過小評価や過大評価になりやすいという欠点があるので、どちらの評価がいいかということは一概には言えません。

それよりも重要なのは、その評価が何をよりどころにしているかです。そうしたとき、ぶれることのない「絶対基準」があると、正しい失敗の評価が行えます。

ある事柄を評価するとき、そもそも基準がないことには判断ができません。そこでふつうは、参考になる他の事柄と比較しながら手っ取り早く評価を下そうとします。しかし、こうしたやり方の評価は、そのときどきで変化する「相対評価」です。これでは本当の意味での基準にはなりません。失敗の評価をするとき、後から考えて「やっぱり自分は間違っていたかもしれない」「あのときの判断はおかしかった」と後悔することが多いのはそのためです。

もともと人の判断は、その場の雰囲気やそのときどきの空気に流されやすいものです。過小評価や過大評価になったりするのもそのためですが、よそからの影響を受けない絶対的な基準があると判断がぶれなくなります。この基準で失敗を見ると、甘くも辛くもない、ありのままの評価ができるのです。

それでは失敗を見るときの「絶対基準」は、具体的にはどのようなものでしょうか。これは古臭い言い方かもしれませんが、結局は「お天道様に向かって堂々と話せるかどうか」ということではないかと私は考えています。

自分の欲や組織の論理を優先して、理に適《かな》っていないことをつい行ってしまうことはよくあります。そしてたいていの場合は、それが失敗に結びついています。インチキをしたり、ウソをついたりしたことで、結果的に周りに多大な迷惑をかけているのです。その意味では、お天道様に向かって自分がやったことをすべて正直に話したとき、恥ずかしいと思うかどうかは大切なことです。私は、これが失敗の評価軸として最も適切なものだと思っています。

お天道様という言葉は、最近ではあまり使われないようですが、これはキリスト教でいうところの「神」と同じ概念ではないでしょうか。キリスト教を信仰している人にとって、神はその人の一挙手一投足を常に見守っている存在であり、彼らはその神が示した絶対的な価値観に基づいて行動することを大切にしています。

日本人は人との関係を大事にしているので、どうしても他人がどう思うかを重視する傾向があります。しかし、人というものは、その場の空気やそのときどきの雰囲気に左右されやすいものなので、評価の軸としては適していません。やはりお天道様のような絶対基準を使わないと、失敗の評価は正しくできないと思います。

少し脱線気味の話になりますが、私は二〇〇一年に東京大学の定年を迎えました。じつはそのとき、ひとつうれしく思ったことがあります。それは組織から離れることで、自分が大切だと思っていたり社会の中で与えられた役割だと思っていたことが、これからは自由にできるようになったことです。

大学教授というと、世間ではやりたいことを自由にやっているというイメージがあるかもしれません。しかし、組織というのはどこも制約が多いもので、実際には自分の思った通りに動くことなどなかなかできません。私が本当の意味で自由に動けるようになったのは定年を迎えてからです。そのときからはじめて、組織の論理に左右されない、絶対基準に基づいて行動することができるようになったと感じています。

私は二〇〇四年の六本木の回転ドアの死亡事故の後、「ドアプロジェクト」という勝手連の事故調査委員会を立ち上げ、原因調査を独自に行いました。この活動の主旨は、二〇〇七年に新たに立ち上げた「危険学プロジェクト」が引き継ぎ、いまでもエスカレーターやエレベーター、そのほかさまざまな場面で起こった事故の原因調査を独自に行っています。

私がそのようなことを積極的に行っているのは、「責任追及や関係者の利害と切り離したところで事故の調査を行わないと、本当の原因は明らかにできない」と確信しているからです。そのためには警察や検察の捜査でもなければ国が主導するのでもない、どこからも独立した事故調査委員会が必要です。

しかし、そのことをいくら声高に叫んだところでなかなか実現しないので、それなら「自分でつくってしまおう」と思って、協力者を募って自分で勝手にプロジェクトを立ち上げたのです。これらのプロジェクトを通じて得ることができた知見は、積極的な情報発信を通じて次に起こるかもしれない大きな失敗の防止に役立っていると確信しています。

こうした行動は、自分では「お天道様に堂々と話せるもの」と考えてやっていることです。しかし、世の中のすべての人がそのように見ているわけではありません。なかには快く思っていない人もいて、「畑村の売名行為ではないか」と揶揄《やゆ》する声もあるようです。

そのような見方をしている人に向かって、どうこう言うつもりはありません。これについて私が感じたのは、やはり絶対基準を持つことの大切さです。

社会には「いつも自分は正しい」と考えている人も数多くいます。しかし、そのように自分が思い込んでいることを、絶対基準としてしまうと、だんだん評価がズレていっておかしな方向に行ってしまう危険があります。

実際、その人の見方がいびつであったりすると、相手がまっすぐなことをやっているのに、曲がったことをしているように見えたりということが起こります。これでは対象を正しく見ることはできません。そして、このようなことを防ぐためには、自分の中に本当の絶対基準を取り入れるしかないのです。

失敗を評価する四つの視点

自分の中に絶対基準を持つことは、失敗の評価をきちんと行うことにつながりますが、これとは別にきちんとした視点で失敗を見ることも、失敗を正しく評価するための有効な手段です。

その中でもとくに重要なのは「物理的視点」「経済的視点」「社会的視点」「倫理的視点」という四つの視点です。

物理的視点というのは、失敗をまず物理現象としてとらえる視点です。これは要するに、目の前でどのようなことが起こっているかをありのままに見ることです。ものの見方は、その人の立場や関わり方などによって大きく左右されますが、そうした影響を上手に排除していかないと、目の前で起こっていることを正しく認識することはできません。そのようにして目の前で起こっていることを正確に理解するのが、物理的視点による失敗の評価です。

次の経済的視点は、いわば損得勘定で失敗を見る視点です。社会のことはほぼすべて、経済的なメカニズムの中で動いています。たとえば争いごとに法の場で決着をつけるときでも、最終的な判断は、経済的価値に置き換えられます。それが社会のひとつのルールです。失敗も同じで必ず経済的な影響がついてまわります。そのことを考慮し、経済的な指標によって評価するのが経済的視点による失敗の評価です。

三番目の社会的視点は、経済的視点よりもさらに広範な見方です。一番目の物理的視点とは逆の視点とも言えますが、失敗の影響は経済的なもの以外にも広く及ぶので、これらをすべて見る視点が必要になります。それが社会的視点です。これはいわば、その失敗と社会の関係を評価するためのものですが、具体的には「社会の中でその失敗がどう見られているか」とか「社会がその失敗にどう反応して動いているか」などを見ることをいいます。

最後の倫理的視点は、生身の人間の立場から失敗を見る視点です。これは人としてやらなければいけないことがきちんとできているかどうかを判断するためのものです。絶対基準と近いものです。この視点がないと、「こうあるべき」とか「こうなるはず」という形式的な評価に振り回されて、失敗の取り扱い方を間違える危険があります。

いまの日本社会では、大きな失敗が起こったとき、失敗した人や組織に明らかなミスやインチキがあると、その人（組織）は徹底的に責め立てられます。こうしたことは昔からあったことですが、最近では人々の反応が微妙に変わってきたように思います。

それは、失敗した人があらかじめ失敗が起こらないように考えていたり、きちんと対策を講じていたのがわかると、人々が以前ほど過剰な反応を見せないようになってきたということです。

もちろん、そのようなケースでも失敗したことが激しく責められることもあります。しかし、いまの社会は失敗した人の言い訳に、一応は耳を傾けるようになっているように見えるのです。

これは「日本が成熟した失敗文化を持つ社会になりつつあるということだ」と、私は評価しています。そして、そうしたときにも人々は、先にあげた四つの視点から失敗を見て評価を行っているように見えます。物理的視点、経済的視点、社会的視点、倫理的視点から失敗を見て、一般的な常識からの逸脱や失敗の被害の程度が著しく大きいと認められたときに、世をあげて失敗者を糾弾することが行われるようになってきたように見えるのです。

もちろん、社会での失敗の評価が常に正しいとは限りません。間違った評価によって、理不尽な糾弾がなされることがまだまだ多いのも事実です。たとえば、お伊勢参りのお土産として有名な「赤福餅」で知られる和菓子屋の赤福のケース（二〇〇七年）などはその典型例です。

赤福の不正の中身は、製造過程であまった餅を冷凍保存し、実際に使う段で解凍したその時点を製造年月日としたというものです。また、売れ残って回収した商品を餅と餡《あん》に分け、自社内で材料に再利用したり、関連会社へ原料として販売していたことも問題になりました。これらの行為は確かに消費者の信頼を裏切るものです。しかし、それによって健康被害が生じたことはなく、その危険性も低かったことを考えると、本当にあそこまで大騒ぎする必要があったのか疑問が残ります。

じつは赤福問題が世間に広く知れ渡ったのは、農水省の報道発表がきっかけでした。

その内容は、内部告発を受けて同社の工場に任意で立ち入り検査を行ったところ、いくつかの点でＪＡＳ法違反が明らかになったので指導を行ったというものでした。食品偽装問題が次々と発覚する最中のことなので、これは世間に向けて「行政としてきちんと対応している」という姿勢を示すパフォーマンスの意味合いが大きかったと思われます。しかし、これは軽微な不正への対処としてはあまりに大袈裟でした。

その後、赤福は三重県から無期限営業禁止の行政処分を受けました（約二ヵ月後に解除）。これは極めて異例の重い処分です。このようにして赤福問題は、いつの間にかミートホープのような悪質な食品偽装と同等であるかのような扱いをされるようになったのです。その影響は甚大で、赤福が地域活性化のためにやっていた、「おかげ横丁」（参拝客を迎えるために伊勢路の代表的な建築物を移築してつくられた、三重の歴史や風習、老舗の味や名産品を楽しめる場所）の活気まで失わせてしまったのですからひどいものです。

赤福のケースは、まさしく理不尽な糾弾の典型例です。こうしたケースをいかになくしていくかが今後の日本社会の課題です。

そうした意味ではまだまだ成熟の途上なのです。これから失敗を正しく評価する目を持った人をもっともっと増やしていかなければなりません。そのうえで失敗した人が自分が起こした失敗の程度に応じて社会的な責任をきちんと果たすようになっていけば、失敗者が周りから必要以上に責められることもなくなります。

個人・組織・社会、三つのフィードバック系を意識する

一般的に、失敗の評価を行うフィードバック系には三つの段階があります。それは個人、組織、社会の三段階です。社会で成熟した失敗文化を培っていくには、いずれの段階でも失敗の評価が正しく行われる必要があります。

最近は企業がらみの大失敗が増えているので、この三段階の中でも、とくに組織のチェック機能を充実させることが重要になっています。もともと企業は利益の追求を目的に活動を行っているので、安全性と利益のどちらを優先するかといった判断において迷いが生じやすいという問題を抱えています。実際、第三者を危険にさらす失敗が数多く発生しているのはその部分においてです。もっとも最近では、大きな失敗は即企業の存亡につながるということを考えると、安全性と利益は決して対立するものではないと思います。

いくつかの相反するもののどちらかを選択しなければならない状況では、どうしても

判断ミスが起こりやすくなります。加えて組織の中では、それまでの活動を通じて培ってきた独自の文化の影響を受けやすいという問題があります。そのためすべての活動において組織独特の基準の影響が強く、失敗や失敗原因の評価についてもこの基準によって行われています。

たとえば、ある会社の中で小さな失敗が発生したとき、誰かが「おかしなことが起こっている」と感じたとします。この危機感は、個人の基準で失敗を見ているからこそ生じているものです。ところが組織としては、組織独自の基準で動いているので、そのなかでは自分が感じたことをそのまま声に出せないことがよくあります。自分の見方が組織の基準を否定するものならなおさらで、感じたことをそのまま伝えることは自分の立場を悪くするだけなので、危機感を感じていてもあえて沈黙するしかないのです。

仮に勇気を持って声に出しても、たいていは周りから強く反論されて返り討ちに遭います。さもなければ、一切相手にされずに黙殺されるのがオチです。これはどこの組織でも見られることです。

このような雰囲気で動いている限りは、小さな失敗の段階で気づいた異変を大失敗の防止に役立てることができません。こういうなかでフィードバック系を正しく機能させるには、やはり硬直した雰囲気を壊して風通しをよくし、誰もが自由に自分の意見を言えるようにする必要があります。

最近では、組織運営に外部の人間を参画させる会社が増えています。いわゆる「社外重役」がそれです。これなどは組織内部に社会のフィードバック系を入れることで、硬直した雰囲気を壊すひとつの有効な手段になり得るものです。会社の動きを社内の人たちだけで評価すると、どうしても客観性に乏しい、社会とズレた見方になってしまいます。そこに社外重役という外部の視点を加えることで、より正しい評価が行えるという期待があります。

同じような理由から、第三者委員会が結成されるケースも増えています。第三者委員会というのは、事故や問題を起こしたときなどに外部の人たちを集めてつくられる機関で、調査やアドバイスを行う役割を担っています。第三者機関は会社の要請でつくられるものですが、会社からの独立性を保ってきちんと活動が行われると、会社は自分たちにとって不都合なことや耳の痛いことを嫌でも直視しなければならなくなります。そのようにして社会の視点が経営に取り込まれていくことで、社会の要求に応える形での経営ができるという期待があります。

ちなみに、第三者委員会は会社が事故や問題を起こしたりといったせっぱ詰まった状況でつくられるせいか、しっかりと機能しているケースが多いようです。これに対して社外重役は、期待されている役割を果たしているケースはまだまだ少ないようです。なぜなら社外重役になっている人たちが、形式的なお飾りとしてポストに収まっているだけで、その会社の実態を把握していないからです。だからフィードバック系の働きができないのです。

もともと会社には、業務監査や会計監査などを任されている「監査役」と呼ばれる人がいます。商法上の役割はともかくとして、この人たちが会社の中の活動全体についての監査をしっかり行っていれば、わざわざ外部から別の視点を持つ人を連れてくる必要はありません。その監査役は長らく形式的な役職になっていましたが、最近では実質的な働きを求めるように変わりつつあります。これはようやく正常な状態になりつつあるということで、歓迎すべき動きです。

内側がしっかりしていないから外にやってもらうというのは甘えです。これでは自分たちの基準で行動ができないことを誰かに転嫁しているだけということになります。このようなやり方をただダラダラと続けているだけでは、失敗の評価も当然正しく行えるようにはならないでしょう。

「被害最小の原理」で動け

失敗を失敗として認めることが、対処をするための大切な第一歩であるということは、この章の冒頭ですでに述べました。

それはそうなのですが、ここで悩ましいのが、失敗を失敗として認めることを周囲に対してどのように伝えるかということです。

とくに、失敗の結果が自分自身だけでなく周りに対して多大な影響を与える場合は、なかなか難しい問題です。

たとえば、自分のミスを認めることで、自分の立場を大いに悪くすることがあります。会社などでは上司に叱られるだけでなく、場合によっては降格や左遷といった結果を招くこともあります。そのため失敗後に周りにどのような態度を見せるかは、慎重に決めなければならないのです。

もちろん、本人が「失敗の責任は全部自分にある」と本心から思っていれば、ミスを認めることで自分の身に悪いことが起こっても、一応納得できるでしょう。しかし、必ずしも自分のせいばかりとは思えない失敗の責任を押し付けられるような理不尽きわまりないことも、社会ではしばしば起こります。

こういう場合の対処としては、失敗の原因をまず明らかにしたうえで、責任を押し付けようとする相手に〝正論〟で抗弁するのもひとつの方法です。しかし、自分のほうにも何らかの非があるとか、「感度が悪かった」「考えが適切でなかった」と少しでも自覚していると、思い切った行動にはなかなか出られません。そのため常識的に考えれば、完全には自分の責任とは思えない場合でも、自分の正当性を積極的に主張できないことが多いのです。

仮に自分の正当性を主張できたとしても、そのように動くことがトータルとしてその人にとって本当に得になるとは限りません。これは会社などの組織の中にいるときによく起こることです。とくに、独特の価値観に凝り固まった運営が行われているような組織では、一般的な常識が通じないことがよくあります。

濡れ衣を晴らすために正論を主張しても、周りがまったく取り合ってくれなかったり、「あいつはその場しのぎの言い訳をしているだけ」と冷ややかに受け取られるだけかもしれません。そうなると正しいことを主張することで、自分にはかえってマイナスの結果しかもたらさないこともあるのです。

では、どうすればよいのでしょうか。私は、失敗後の対処は〝損得勘定〟をしてから行えばいいと考えています。もちろん、その場合でも失敗をきちんと評価して、何が起こっているかを正確につかんでおかなければなりません。

そのうえで謝ったほうが自分に得になるなら、理不尽に思えても頭を下げればいいし、そうでなければ開き直るというふうに、自分にとって最も得になる行動をしたほうがいいと、私は思います。

真面目な人、プライドの高い人は、おそらく理不尽な場面では、自分の正当性を主張したくなるでしょう。それは悪いことではありませんが、その場合はどこまでその正当性を押し通すのかをあらかじめ考えておく必要があります。頑張って正当性を押し通したところで報われることのほうが少ない、たいていはいびつな論理に負けて挫折することになります。その挫折の後に自分に何が起こるかということを含めてあらかじめ想定し、妥協点を探しておくのです。

それをせずに感情や正義感の赴くままに突っ走ると、回復不能の状態に追い込まれてしまいます。それよりも自分の被害が一番小さくて済む方法を選択し、後でリベンジすることを考えるべきです。ちなみに、そのような行動指針を私は「被害最小の原理」と呼んでいます。

工学の世界には、「エネルギー最小の原理」や「仮想仕事の原理」という言葉があります。あるひとつの現象を起こすのに複数の方法がある場合、それぞれのルートは消費するエネルギーが異なるというのが「仮想仕事の原理」の考え方です。そして、その複数の中から最もエネルギー消費の小さいものが現象として生じるというのが「エネルギー最小の原理」の考え方です。

「被害最小の原理」は、これらの概念を参考にして私がつくった造語ですが、私は人が失敗に直面したときは、この原理に基づいて対処法を選択したほうがいいと考えています。

失敗に対処するだけで、人は自分で思っているよりも多くのエネルギーを使います。これを極力セーブしないと心身ともに疲弊してしまいます。場合によっては困難な状況に潰されてしまうこともあります。それだけは絶対に避けなければなりません。

「被害最小の原理」は、そのようなことを防ぎ、失敗した人の命を守るためのものでもあります。

そして「被害最小の原理」を実行するための方法は、第2章であげたさまざまな方法を使ったり、あるいは「責任は認めるけどほどほどのところで妥協する」というものであってもいいと思います。もちろん、これらの方法を使う目的は、生命を守るために自分に及ぶ被害を最小限に抑えることにあります。命を守ることは何よりも優先しなければなりません。そのために許される範囲内でさまざまな手を使うのは、決して悪いことではないのです。

「隠していいとき」と「隠してはいけないとき」

失敗への対処として、失敗そのものを隠してしまうことがしばしば行われます。そのようなことが行われるのは、前述したように失敗や失敗者に対する世間の目がそれだけ厳しいからです。以前に比べるとだいぶ変化が見られるとはいえ、日本ではまだまだ失敗は「悪いもの」「恥ずかしいもの」とされたり、失敗した人や組織は、「ミスをしたダメな人・ダメな組織」として扱われます。だからこそ、失敗を隠したがる人、隠したがる組織が多いのです。

概して言えるのは、失敗を隠したがる人は、世間から低く評価されることを怖れる気持ちが強いということです。失敗を見るときも、「自分がどう思うか」よりも「周りがどう見ているか」が気になります。こういう人にとっては、自分が失敗したことを誰かに知られていないのは「失敗がなかった」というのと同じです。だから失敗したことが周りにバレさえしなければ、とくに気にすることもなくそのことをやり過ごすことができたりします。

真面目な人から見ると、こんなふうに失敗を隠すのは「ズルいこと」であり「許せないこと」に思えるでしょう。

でも私自身は「隠すこと」に関してそれほど否定的ではありません。もちろん、これは積極的に褒められるようなことではありません。しかし、その人が失敗による大ショックや致命的なダメージから逃れられるなら、失敗を隠すことは必ずしも悪いことではないと考えています。

ただし、「隠す」という対処には問題があるのも確かです。とくに気をつけなければならないのは、隠すことで「自分は失敗をした」という自覚までが消えてしまうことです。もともと人の記憶は、置かれている状況で変わってしまうあやふやなものです。そのため苦しい状況をうまくすり抜けてしまうと、記憶がすり替わって、自分が失敗した事実さえ忘れてしまうことがあるのです。

こういう本人にとって極めて都合のいい記憶のすり替えは、失敗のショックやダメージが大きいときに起こりやすいようです。もともと失敗について検討するときには、人は、「自分は悪くない」という理由づけをどう行うかを重点的に考える傾向があります。そして、そのことばかりに気をとられているうちに、時間の経過とともに自分を正当化する理由だけが頭の中に残るのです。その一方で、失敗を招いた自分の悪い行為に関する記憶はいつの間にか消えてしまいます。その結果、頭の中ではいつの間にか自分にとって都合のよい架空の記憶へのすり替わりが起こるのです。

こうした状態で失敗が隠蔽《いんぺい》され続けると非常に危険です。そうでなくても「隠す」という対処には失敗を拡大再生産させるリスクがあります。それは隠すことで、失敗の原因が放置されることがよくあるからです。周りの状況が以前と同じままであるうえに、本人には自分が失敗を起こした自覚がないとなると、隠したのと同様の失敗が再発する可能性は当然高くなります。

実際、人が死傷したり、大きな被害につながる致命的な失敗の多くは、このように失敗が拡大再生産される形で起こっています。しかも、失敗の防止策がうまく打てなかった原因が、失敗した人の記憶のすり替えにあるケースが少なくないのです。失敗を隠すことで、自分を守るどころか、さらに厳しい状況に追い込んでいるのですから、これでは本末転倒です。

隠すという対処にはこのような難しさがあるので、誰でも気軽に使えるわけではありません。それでもこの対処法をどうしても使いたいなら、以下にあげる注意点を守りながら行うべきでしょう。

ひとつは、少なくとも失敗した人は、隠した事実について必ず正確に把握していることです。前述したように、隠すことで本人の記憶がすり替わり、失敗の原因が除去されず、周りの状況が以前と同じまま放置されるというのでは非常に危険です。そうさせないためにも、失敗を隠すときには必ず、失敗原因について正確に把握しておくことが大事です。もちろんそれだけでは不十分で、なおかつ失敗の拡大再生産の流れを確実に止めるために原因を取り除く必要があります。

そして、もうひとつは「潔さ」を持つことです。失敗の原因を取り除くことができず、失敗が拡大再生産される危険な流れに入ってしまったときには、隠すことをあきらめて自分の失敗をすぐに周りに知らせるのです。

拡大再生産が始まった状態で、なお隠し続けると、必ず隠していた以上の大失敗が起こります。そうなると周りに迷惑をかけるだけでなく、自分自身の首を絞めることになります。これを避けるためには、失敗が拡大再生産の流れに入りそうなときには、周りや社会に失敗が起こったことをきちんと伝達し、失敗の原因を除去したり失敗を引き起こす環境を変える手だてを必ず講じる必要があります。

自分の失敗を周りに知らせるのは非常に辛いことです。そのことで失敗した人が再起不能になるくらいのダメージを受けることもあります。ですから失敗を隠すことでそのような事態を防ぐことも、立派な対処法のひとつです。しかし、これは隠すことが次の大きな失敗につながらないときにだけ使える方法です。

とはいえ、こうした対処は、頭では理解できていてもなかなか実行できるものではありません。正しく動くことで自分に実害が及ぶようなケースではなおさらです。こういう場合、いけないとわかっていてもまずい隠し方をしてしまったり、隠してはいけないとわかっているのに隠してしまったりということをどうしてもしがちです。そう考えると、いざというときに間違った動き方をしないというのは、個人の努力だけでは限界があることがわかります。

仮に周りの雰囲気が、それまで失敗を隠していたことを一切非難せず、むしろオープンにしたことを素直に褒めるようなものだったらどうでしょう。その場合でも失敗したことが恥ずかしくて隠す人はいるでしょうが、たいていの人は必要なときにオープンにすることを躊躇《ちゅうちょ》しなくなるはずです。これが失敗を肯定的に扱う文化を持つ強みです。

いざというときに正しい行動ができるようにするには、このような文化を社会や会社の中につくることで、周りがうまくサポートしていくことも必要ではないでしょうか。

「クライシス・コミュニケーション」という考え方

最近、失敗を起こした企業がその失敗の事実を「隠蔽」していたと見なされた場合、社会から徹底的に叩かれるというケースが目立ちます。

一方で、私が、失敗した企業の関係者から相談を受けると、彼らの多くが「世間やマスコミは自分たちのことを誤解している」「実際以上に悪く報道されているのは納得できない」といった不満を口にします。

確かに彼らの言っていることにも一理あります。しかし、そのように話す人には、誤解されたり不当な扱いを受けている原因が、自分たちにもあるという認識が明らかに欠けています。これでは状況を変えるのはなかなか難しいのではないでしょうか。

もともと世間は失敗した人や組織に対して厳しい目で見ています。詳しい事実関係を知らない段階で、「こいつはどんな悪いことをしたんだ」という意地悪な見方をしています。そこで相手に誤解を与えるような情報発信をしてしまったら、「やっぱり悪い奴だ」「あいつはやっぱり誤魔化していた」と非難されるのは当然のことなのです。

このようにして失敗した人や企業が、起こした失敗からすると理不尽なほど、世間から強烈なバッシングを受けるようになることもしばしばです。

そしてその多くの場合、煽動しているのはテレビをはじめとするマスコミです。そのためバッシングを受けた人たちの怒りの矛先《ほこさき》は、「大袈裟に報道して問題を大きくしている」とマスコミに向けられることになります。彼らの怒りもわかりますが、残念ながらそこで考えが止まっている場合、問題は解決しません。

これはマスコミ側の立場で考えてみるとよくわかります。彼らはもともと失敗した人や企業と敵対しようと思って接しているわけではありません。その失敗について知りたいと思っている人が世の中にたくさんいて、その人たちの代弁者として動いているというのが基本的なスタンスなのです。

そのような見方をすると、失敗した人や会社がマスコミと接するときにどうすればいいか自ずとわかります。相手が知りたいと思っている情報を迅速かつ正確に伝えるのです。これは簡単なように見えて非常に難しいことです。

実際、情報をすべてオープンにしているつもりになっていても、無意識のうちに都合の悪い情報を隠してしまったり、情報発信を遅らせるような対応をしてしまうことはよく起こります。悪意の行動ではないとはいえ、これらはすべて相手を疑心暗鬼にさせることにつながります。相手が「この人はわざと隠そうとしているのではないか」という先入観を持つようになると、すべてのことでボタンの掛け違いが起こる危険性が高まります。そして、気づいたときには、社会のその失敗に対する印象が、失敗者が望まない方向のものになっていることがあります。

最近、企業広報などのコンサルタントを行っている宇《う》於《お》崎《ざき》裕美《ひろみ》さんと話をする機会がありました。「クライシス・コミュニケーション」の大切さを訴えている人です。彼女は「不祥事」という言葉を使っていますが、これはそのまま「失敗」に置き換えることができます。失敗の見せ方ひとつで確かに周りの反応は大きく変わってくるので、危機管理という点から考えると、これをどう行うかという視点は非常に重要なものだと思います。彼女の提唱する「クライシス・コミュニケーション」の考え方は、ベースの部分は失敗学と同じです。それでいて企業広報という実際の場面を想定した考え方を示しているので、失敗をどう見せるのかを考えるうえで非常に役立ちます。

彼女の考え方は、『不祥事が起こってしまった！』（経営書院）という本で詳しく紹介されていますが、そのなかでも私がとくに興味深いと思ったのは、「ポジション・ペーパー」をつくるという発想です。ポジション・ペーパーとは、簡単に言えば、失敗の経緯や原因、あるいは企業としての考え方など情報発信の骨格になる事柄を記した書面のことです。これを失敗した直後につくるのです。

ポジション・ペーパーは、その失敗を報道するマスコミなどにそのまま渡されることになるので、どのようなものをつくるかで周りの反応は大きく変わってきます。理想的なのは「相手が知りたいこと」と「自分が伝えたいこと」がわかりやすい形で記されていることです。

たとえば企業側は原因がはっきりしないうちは、なるべく発表を差し控えたほうがいいと考えがちです。むしろこのほうが誠意ある対応だと思っています。しかしマスコミはそのようには受け取りません。マスコミが欲しいのは、とりあえずその日のニュースで流すネタなのです。だから原因がわからないときは、「原因は調査していますがまだわかりません」とちゃんと説明するほうがよいのです。

だからこそポジション・ペーパーを素早くつくることで、失敗の情報を自分たちでコントロールするのです。

もちろんこうしたペーパーをつくることは、それほど簡単なことではありません。いざというとき、「相手が知りたいこと」や「自分が伝えたいこと」を明確に示すことができるのは、そのことについて日頃から意識して考えている人だけです。つまり、失敗への対処はその場しのぎでできるものではありません。だから、ふだんからどのように頭を働かせているかが重要になります。

そして、こうしたシミュレーションを日頃からやっている組織が強い組織なのです。

こうしたシミュレーションがうまくいった例として、私がすぐに思い浮かぶのは、スーパーカミオカンデのケースです。スーパーカミオカンデというのは、岐阜県の神岡鉱山の地下一〇〇〇メートルにつくられた観測施設です。ここには五万トンの純水をたたえる水槽があり、内部の壁に設置された一万一〇四六個のセンサ（光電子増倍管）で、はるか宇宙の彼方からやってきたニュートリノの観測を行っています。

そのセンサの約七割が破損する事故が起こったのは二〇〇一年一一月のことでした。原因は「爆縮」という現象にあります。これは水中のある場所で起こった衝撃が水圧移動によって巨大な衝撃になるというもので、一個のセンサが壊れたのをきっかけに連鎖反応的に被害が拡大してしまったのです。

スーパーカミオカンデの観測データには、世界中の物理学者が期待を寄せて注目をしています。そのためセンサの破損は、金額的な損失もさることながら、学術的な損害が大いに心配されました。事故のために観測がストップするようなことになれば、観測データを心待ちにしている世界中の物理学者の研究に影響を与えることになるからです。

実際、事故の一報を聞いた多くの学者は、事故の原因や責任問題などより、観測がどうなるかに関心がありました。「このまま観測ができなくなったら自分の研究はどうなってしまうのか」と不安を感じていたのです。しかし、破損していないセンサを使って従来どおりの観測を続けることをすぐに発表したことで、この不安はすぐに収まりました。

このとき情報発信を行ったのは、スーパーカミオカンデの主だった東京大学宇宙線研究所長（当時）の戸塚洋一さん（二〇〇八年七月没）です。ノーベル物理学賞を受賞した小柴昌俊さんの愛弟子のひとりで、晩年にはニュートリノ振動の発見でノーベル物理学賞の受賞が期待されていた物理学者でした。

後に戸塚さんから事故の話を聞くことができましたが、「薄々危険を感じていたものの、それが何かわからず、結果として事故を招いてしまった」と話していました。ただ、予感めいたものがあったので、問題が起きたときにどう対処するかというシミュレーションをしっかり行っており、それが事故発生直後に世界中の学者の不安を解消するための情報発信を最優先する適切な対処につながったようです。

その後、戸塚さんは事故の原因の究明に取り組み、破損した部位の写真や対策委員会の議事録、配付資料など事故に関するさまざまな情報をインターネットを通じて世界中に迅速かつ正確に発信していきました。情報を求めている人にとって、これらはすべて必要な形、適切なタイミングの情報発信になっていたようで、事故後の対応を批判する声はほとんど聞かれませんでした。これはやはり戸塚さんの行ったクライシス・コミュニケーションが優れていたからでしょう。

第5章　失敗に負けない人になる

大切なのは生き続けること

本書では、失敗に立ち向かえないときは「逃げる」とか「他人のせいにする」ということをしてもいいという話をしてきましたが、少し補足をしておきたいと思います。

失敗のショックで自分の中からエネルギーが出ていってしまっている状態のときは、行動する意欲も出てきません。また、前に進む力、事態に対処する力も失われています。

そうしたときは、第2章でも述べたように、エネルギーの回復を待つのが一番よいのですが、まずはそうしたピンチのときのポイントは、「ひとりだけで荷物を背負ってはいけない」ということです。「逃げる」とか「他人のせいにする」というのは、そのための対処法です。

世の中では「失敗の責任を誰かひとりにかぶせて解決」ということがよく行われます。そうした解決法によって、責任を負わされた人が死ぬところまで追い込まれることは珍しくありません。ひとりの個人がこのような辛くひどい立場に追い込まれるのは絶対に避けなければならないことです。

そのためには、失敗の対処に方便を使うことがあってもいいのです。他人のせいにすることで、ひとりで背負うのが重すぎる荷物でも、何人かで背負えば運ぶことができます。

よほど神経が図太い人を別にすれば、人は誰でも周りの言うことが気になります。失敗の責任を少しでも自覚している人は、誰かにそのことを指摘されると、つい自分の非を認めたくなります。

しかし、責任問題が絡んでいるときの対応方法としては明らかに間違っています。こういう場合は自分の気持ちを正直に出して行動するのは、決しておすすめできることではありません。

ふつうは、自分に非があると自覚しているときには、そのことを素直に認めるほうが態度として正しいように見えますが、私はこれに反対です。

なぜなら、いまの日本社会では、「失敗した人が非を認めると、そのときからそれが真実として扱われる」というのがルールになっているからです。そして、非を認めた人は、組織では人事面で不利な扱いを受けるし、社会では刑事訴追や懲罰人事などの厳しい扱いを受けることになります（これらのことは後にあらためて詳しく述べます）。

いずれにしても、一度非を認めてしまうとそれですべて終わりです。後から考えて、「やっぱり以前言ったことは違います」と前言撤回しても通用しません。それは、訂正後に述べたことのほうが真実であってもです。周りは「責任逃れのための言い訳」くらいにしか受け止めず、それこそすべて後の祭りになってしまいます。

失敗したとき、このような形で追い込まれることは、なんとしても避けたいところです。とはいえ、失敗の責任を誰かに押し付けて自分だけ逃れることなど実際には許されません。現実的な対処としては、「わからない」とか「知らない」で通すのが無難です。些細《ささい》なウソをつくことにも抵抗があるなら、あれこれ聞かれたときには「答えられない」で押し通すのもひとつの手です。

大切なのは周りからの責任追及に決して潰されないことです。そして、必要に応じて「逃げる」などの一時避難をして、何をおいても生き続けるのです。失敗に負けて命まで奪われることほどばかばかしいことはないのです。

最終目標を見据えてフレキシブルに動く

「失敗に負けない」ということを考えると、私にはすぐに思い浮かぶ先輩がいます。東大工学部の部長を務めていた岡村甫《はじめ》さんがその人です。岡村さんは東大を定年後、地元の高知県に戻って地域の人材育成に取り組みました。県立高知工科大学の設立に尽力された後、同大学の学長も二〇〇七年まで務めました。

岡村さんは土木工学の専門家として有名ですが、学生時代は東大野球部のエースピッチャーとしても知られていました。東京六大学リーグにおける通算成績は一七勝三四敗で、この勝利数はいまだに歴代の東大投手の最多記録となっています。

その岡村さんはよく、「自分は打たれ強い」という話をしていました。何があってもあきらめないのがとりえで、たいていの人があきらめてしまうときでも「自分はとにかくしぶとくやり続ける」というのです。実現したいことがあれば、制約条件がどんなに多くても、その条件の下でできる方法をしぶとく考え続けます。そうかと思えば「これで大丈夫」となっても、絶対に油断をしないような一面もありました。

誰でもそうですが、想定内のことが起こっているうちはまだ悪い状況にもそれなりに耐えることができます。ところが、まったく準備をしていない想定外のことが起こったときにはそうはいきません。この場合、その人自身の許容量を簡単に超えてしまうので、そこであきらめずに踏みとどまるのは、非常に大きなエネルギーを必要とします。

岡村さんの場合は、「絶対にあきらめない」という強い思いを、そのエネルギーに変えていたようです。でもそれは「頑な」というのとはちょっと違います。工学部長時代の姿を思い出すと、傍《はた》から見ていて非常にフレキシブルに動いている印象がありました。困難な状況に直面したときには妥協することもよくありました。でも一方では、本当に実現すべき目的に向かっていく姿勢はいつも崩さず、焦点が絶対ぶれないように組織運営を行っていました。

岡村さんのこうした姿は、目標に向かって進んでいくときの姿勢として、私にとって最高の手本になっています。目標を実現する途中では、小さな失敗がたくさんあります。そのなかには想定外の失敗もあるでしょうが、そもそも予定どおりにいかないことがあることを頭に入れつつ、フレキシブルに動きながら最終目標に向かっていくのです。

そして、もうひとつ重要になるのが、自分がやっていることに自信を持つことです。この気持ちが強い人は、どんなことがあっても途中であきらめることはありません。岡村さんの場合は、他大学の野球エリートを相手に数々の修羅場をくぐってきた中で「自分はあきらめずにやり遂げられる」という自信を深めたようです。

この「自信を持つ」ということは、結構馬鹿になりません。その理由は単純です。自信のない人はちょっと困難なことがあると、すぐに撤退してしまうので結局は目標を達成できません。一方自信を持っていると、ちょっとくらいの困難ではめげないで再チャレンジをします。その差が最後は結果として表れるのです。

ちなみに、この自信は、根拠がないものでも構わないと私は考えています。根拠がないのに「絶対にできる」と思い込んでいるのは、「危ないこと」と思われているかもしれません。しかし、失敗と付き合うときは別です。楽観的な自信は、失敗を乗り越える大きな原動力になるからです。そもそも最初から根拠のある自信を持っている人はいません。

もちろん自信を持っているからといって、必ず失敗を乗り越えられるという保証はありません。しかし少なくとも自信を失わなければ、前述したように、苦しいときは一時避難をしながらでも、途中であきらめたりせず、動き続けることができるでしょう。そうした人だからこそ、高い壁もいずれ乗り越えていくことができるのです。そして、それがまた、自信につながり、さらに次の目標達成につながるのです。

失敗を記録する

こうしたことを言っている私自身、これまでの人生で多くの失敗をしてきました。失敗したときはいつもその失敗と正面から向き合ってきたつもりです。でも、それでは自分の対応がいつも正しかったかというと、そんなことはありません。あらためて振り返ってみると、むしろ判断としては間違っていたことが多かったように思います。

もちろん、その時点ではいつも正しいことを一生懸命やっているつもりになっていました。それなのに間違った方向に進んでしまったのは、現状を正しく認識していなかったことが原因だと思います。つまり、自分の思い込みで行動していたのです。

しかし、そのことを反省はしているものの、当時の行動を否定する気はありません。自分がしたことが間違いだったというのは、あくまでも後から考えたときの判断だからです。少なくともその時点では、自分が正しいと考えたことを一生懸命やっていました。そのこと自体は認めなければいけないと私は考えています。

そして最も大切なのは、失敗を前にして自分が何をどう考えてどう行動したかを後々までしっかり覚えておくことです。それができれば、自分の判断や考え方、あるいはそれに基づいた行動がどんなふうに間違っていたかを後で確認することができます。これは失敗を正しく理解するための基本です。そして、そのようなことができる人だけが、失敗に学ぶことができるのです。

ちなみに、私の場合は、失敗した時点での自分の判断を記録として残す、ということまではしませんでした。余裕がなくてできなかったというほうが正しいでしょう。でも、可能であれば、失敗を前にして、自分が何を考え、どんな決断をし、どんな行動をしたかといった、そのときの思考のプロセスなどを記録として残すと後々役立ちます。

この方法を使うと、時間が経ってから起こるかもしれない、自分を正当化するための記憶のすり替えにも対抗できます。

記憶のすり替えはなかなか侮《あなど》れないものです。極端なことを言えば、そのときの思考のプロセスまでがごっそりすり替わってしまうことがあります。自分を正当化するためのシナリオづくりを後から頭の中で無意識に行ってしまうのです。これでは、失敗という貴重な経験を次に生かすことができません。

だから、「どのようなことを考え」「どのように決断し」「どのような行動をとったか」といったプロセスだけでも控えておくことをおすすめします。

時間を置いてから対処する

「あきらめない」というのは、失敗と付き合うときの大切な心構えですが、ここでいう「あきらめない」は、目標に向かってひたすら「やり続ける」というのとはちょっと違います。これは「意欲を持ち続ける」という意味です。行動としては、あえて失敗と向き合うことを中断することがあってもいいのです。

失敗した直後は、それがモンスターのように恐ろしいものに見えています。そのため失敗した人は、その事実を直視することができないことがよくあります。目の前にあるものが恐ろしく、足がすくんで動けないのです。そんなときに「きちんと向き合え」と言われたところで、それは無理というものです。

こういうときには決して無理をしてはいけません。それこそ時間が経って状況が変化するまで待てばいいのです。目の前にあるときにはモンスターに見えていたものも、時間が経てばそれほどたいしたものでないように見えてきます。その時期が来るのをひたすら待てばいいのです（ただし、その場合は、待っている間に記憶のすり替えが起こらないように気をつけなければなりません）。

時間を置くことであるものを見たときの印象が変わるのは、その人の視点がそのときどきで異なるからです。

失敗した直後は、たいていの人はひとつの方向から否定的な見方をすることしかできません。ところが、時間が経って状況が変化すると、だんだんと柔軟な見方ができるようになります。たとえば、周りの人の気持ちになってその失敗を見たり、自分の失敗によって影響を被った人の立場になって見ることができるようになります。そのようなことができるようになってはじめて、対象をより正確に把握できるようになるのです。

時間を置くことで、以前とは違う視点でその問題について考えるというのは、失敗にうまく対処するためのひとつの有効な手段なのです。

「明日は明日の風が吹く」

それでなくても失敗した直後の思考は硬直化したものになりがちです。たいていの人は、ひとつの方向、ひとつの視点、ひとつの前提でしかものが考えられなくなっていま す。そのときに周りから「おまえのせいで失敗が起こった」と責められると、それを鵜《う》呑《の》みにして、すべての責任が自分にあるかのような錯覚を起こしかねません。

こういう場合、別の考え方があることに気づくことができれば、その後の展開はガラッと変わります。しかし、思考が硬直化しているときは、そうした別の考えにも及びません。何もしなければ、ふつうは考えることがどんどんと悲観的な方向に向かうだけです。そうさせないためにも、失敗の原因について本格的に考えるのは、元気になって脳が活性化するのを待ってからにしたほうがいいのです。

もちろん、ただ待っているだけでは、ふつうはなかなか精神状態が回復しません。そういうときは、失敗のショックからの回復にいろいろな逃げ道を用意するのも、ひとつの手です。その例は第2章でいくつか説明しました。

目的はあくまでも脳を活性化させることなので、たとえば、お酒を少し飲むことで、その日の夜に熟睡できるようにするのも、立派な対処法です。翌朝になって状況が劇的に変わることはありませんが、身体や脳を休めることができれば、前日とは異なった視点でその失敗を見つめることができます。

いまや古典的名作といえる映画『風と共に去りぬ』で、主人公のスカーレット・オハラが最後にいう「明日は明日の風が吹く（"Tomorrow is another day."）」という有名なセリフは、私も大好きな言葉です。

どんな困難なことがあっても明日はやって来るのです。

人の力を借りて元気になる

ショックで落ち込んでいるときには、その状況をうまく切り抜ける妙案は浮かびません。そうであるなら、意識して開き直ってみたり、周りの批判に対してあえて鈍感になり耳を傾けないほうがいいのです。窮地に立たされたときには、開き直ったほうが案外うまくいくものです。

そうは言っても、失敗したときに鈍感になるのは意外に難しいという人も多いでしょう。そもそも失敗したことをいつまでも悩むのは、周りの評価に敏感な真面目なタイプの人たちです。こういう人に、「鈍感になったほうがうまくいく」とアドバイスしたところで、なかなかその通りに行動することはできません。

そういう場合は、「自分ひとりで何とかする」という発想をまず捨てましょう。つまり、「自分ひとりの力ではどうしようもない。だから、周りの人の力を借りよう」と開き直るのです。

仮に自分と同じような目線でものを見られる人が周りにいたとします。苦境に立たされたとき、そんな人の手助けが受けられたら、それだけで心が一気に楽になって、エネルギーの回復を早めてくれるでしょう。

この場合、手助けをしてくれる人から何かの示唆を得る必要はありません。たとえば、相手は自分の話に対して「まったくその通りだ」と同意してくれたり、静かに相づちを打ってくれるだけで十分です。それは本当に辛いときには、人はその思いを誰かに伝えるだけで心が楽になるからです。

これはおそらく、話を聞いてくれた相手との間で、最も辛い部分を共有できるからだと思います。誰かに悩みを打ち明けることには辛さを移す効果があるのです。それは科学的に解明されているものではないと思いますが、少なくとも私は自分自身の体験を通じてそのように確信しています。

私は前述したように、守秘義務の約束を交わしたうえでいろんな人たちから失敗に関する相談を受けています。そのようなことを繰り返しているうちに、とくにこちらからアドバイスすることもないのに、ただ話を聞いてあげるだけで相手が不思議と元気になることがわかりました。

一方で、ただ話を聞いているだけの私のほうは、相談を受けた後はいつもひどく疲れてしまいます。だから真剣に相手の話を聞くことで、相手と自分の間で話の中の最も辛い部分が共有されているのではないかと考えるようになったのです。

話すだけで本当に相手に辛い部分が移るかどうかは正確にはわかりません。しかし、「自分も同じような体験をした」という話はよく聞くので、実行してみる価値はあります。これはカウンセラーや占い師なども同じで、話を聞くことで相手の辛さを引き受けている面があると思われます。いずれにしても、せっぱ詰まった状況に追い込まれたときには、そこから早く脱却するためのきっかけづくりのつもりで、一度試してみるといいでしょう。

仮に話をするだけで本当に相手に辛さが移るのだとすると、聞き手は相当にタフであることが求められます。それに加えて、相手の言うことの細やかな部分までわかり、それでいて自分の主張をするでもなく、まさしく鈍感になって話を聞き続けてくれるという人が理想です。

自分の弱い面をさらけ出すことができるとなると、ふつうは同世代や同じ立場・地位にある人をすぐに思い浮かべてしまいます。しかし、重要なのは自分の頭の中が凝り固まって動けなくなっているときに、溜まっているものを吐き出すことですから、とくに相手の条件を限定的に考える必要はありません。自分が本音で話せて、なおかつそれをよそで一切口外しない人でなければ困りますが、それができるならとくに年齢や地位、あるいは性差などは気にすることはないでしょう。

ギブが三でテイクは一

こうした、プロのカウンセラーのような役割を果たしてくれる人が、うまい具合に自分の身近にいることはなかなかありません。必要になったときに慌てて探したところで、そう簡単には見つからないはずです。その意味では、失敗への備えとして、いざというときに辛さを共有してくれる人を持つことは非常に大事です。

困っているときに助けを受けられることなど、ふつうは滅多にないことです。窮地に追い込まれている人は世の中にたくさんいますが、身近にいる人が親身になって救いの手を差し伸べてくれるケースなどむしろ稀《まれ》です。その理由は、自分を手助けを行う側の立場に置いて考えてみるとすぐにわかります。

困っているのがあまり親しくない相手なら、そもそも相手が困っていてもそれほど気にならないでしょう。そこそこ親しい関係の相手なら気がかりではありますが、かといって自分が何をすればいいのかがよくわからないから、結局は傍観者でいるしかないのです。

　こういう場合、親しい相手から、「あれをしてほしい」「これをお願いしたい」と具体的な求めがあれば手助けをしやすくなります。

　もちろん、その場合でもできることには限りがあります。相手の要求が「一緒に飲んで愚痴を聞いてくれ」という程度なら、手助けを行う側の負担が少ないので簡単に応じることができます。しかし、「お金を貸してくれ」といわれたら、負担やリスクがあまりに大きいのでふつうは断るでしょう。それでも日頃から世話になっている相手なら、自分の負担やリスクがそこそこ大きくても相手の要求に応えるかもしれません。

　困ったときに周りから手助けが受けられるかどうかは、このようにその人の周りに対する日頃の接し方で決まります。日頃積極的に手助けをしている人は、周りから手助けを受けられる可能性がそれだけ高くなります。その反対に何もしていない人は、自分が困ったときにどこからか救いの手が差し伸べられることはないと覚悟していたほうがいいでしょう。

　なかにはギブアンドテイクで、そうしたことまで計算して周りとうまく付き合っている人もいます。しかし、いざ自分が困った状況に追い込まれてみると、かつて自分が行ったことに比べてはるかに小さな手助けしか受けられず、がっかりさせられることが多いようです。

この原因はその人の認識の甘さにあります。早い話が「一を与え《ギブ》たから一が得られる《テイク》」という短絡的な考え方をしているから、いざというときに期待はずれの出来事にがっかりすることになるのです。

一の助けを受けたければ、それこそ相手が苦しいときには意識して三のことを与えるように行動するくらいがちょうどいいのです。世の中は、ギブが一でテイクが一というほど甘くはありません。自分が受けられるテイクは、意識して三をギブし続けているうちにかろうじて一が得られるような、その程度のものなのです。そのことを理解して行動しないと、期待と現実のギャップに苦しめられるだけです。

第6章　失敗の準備をしよう

起こってからでは考えられない

ここまで見てきたように、人は失敗すると、エネルギーがなくなります。そうなると、きちんと対処しようにもなかなか思い通りにはできません。つまり本当のことを言うと、「失敗が起こってからでは遅い」のです。

ということは、失敗への最善の対処法は、やはり起こる前から準備すること、これに尽きます。

まず、事前に準備をしているか否かで、失敗が心に与えるダメージも違います。何も備えをしていないと、自分に大きな落ち度がなかった場合でも、「なぜ自分は備えを行わなかったのか」とひどく後悔することになります。こんな余計な後悔は、ダメージをさらに広げるだけです。

それではあらかじめ備えをしている場合はどうでしょう。当然、予測していた多くの失敗を避けることができます。もちろん、それでも完全に防ぐことができないのが失敗です。しかし、その場合でも失敗後の心の状態は備えをしていないときとは違い、立ち直りもはるかにスムーズです。

というのも人は面白いもので、自分なりにいろいろ考えたうえでの失敗だと、「自分が考えたうえでの、この結果なら仕方がない」と割り切った気分になり、心の動揺を小さく抑えられるのです。じつはこれはかなり重要なポイントです。ショックに動じることなく冷静に考えたり行動できると、失敗の被害は自ずと最小限に抑えられます。また、想定外の問題に対しても臨機応変に動くことができるので、失敗からの回復はそれだけ早くなるのです。

失敗を想定する

ところで、失敗のシナリオや対策の導き方としては、「逆演算」や「仮想演習」などの見方が有効です。

これから起こる可能性のある失敗について考えるとき、ふつうは時系列や原因から結果という因果関係に従って、「どんなときにどんな失敗が起こり得るか」を想定します。「逆演算」の場合は、これとは反対のものの見方をします。まず具体的にどんな失敗が起こるかという結果を思い浮かべて、そこから遡《さかのぼ》りながら、その失敗を誘発する原因を検討していくのです。

もちろん、失敗のシナリオは、原因から結果を見ていく順方向の見方を使っても考えることができます。しかし、この方法では起こり得るすべての可能性を、同じような価値のものとして検討していかなければならないので、莫大な作業が必要となり、結果として必ず想定漏れの問題が出てきます。

これに対し逆演算の見方だと、最初に具体的な結果を想定して、そこから遡って原因を考えることができるので、真っ先に自分が一番避けたい大きな失敗をピックアップすることができます。

つまり、逆演算を使うことで、自分が最も起こってもらっては困ると考える致命的な失敗をまず検討できるのです。まず重大な失敗を想定し、それが起こり得る状況をつぶさに検討することで、仮に失敗した場合でも被害を最小限に抑えることも可能なのです。

もうひとつの「仮想演習」は、いわば条件を変えたときに何が起こるかを頭の中で想像する方法です。想定されるさまざまなことについてシミュレーションを行いながら、どのような条件のときにどのような失敗が起こり、その際にどのような問題が起こるか検討するのです。

このようにして、いつどんな状況でどんな失敗が発生するかを予測し、さらにその際にはどのような手を打つかまで検討をしておくと、実際に失敗が発生したときに、ショックは受けたとしても慌てふためくことがなくなります。また、あらかじめさまざまなことについて考えておくことで、想定外の問題が起こったときでも精神的にはかなり楽です。

何かを成し遂げようとするとき、検討しなければならないことは山ほどあります。そして、その際には、頭の中でシミュレーションをたくさん行っている人ほど、実際にそのことに挑戦したときにはうまくいく可能性が高くなるし、その反対に失敗する可能性は低くなります。これは人生のあらゆる場面に共通することです。

また、あらかじめ予備的な道やまったく異なる道について検討しておくと、仮にもともと想定していた方法がダメになったときでも、それに替わる別の方法をすぐに使うことができます。これにより、失敗のダメージを少なく抑えることができます。

たとえば二〇〇八年に起こった伊藤ハムでの製品回収騒ぎでも、一番批判されたのは、工場で検出された汚染地下水の情報が当該部門で一ヵ月間報告されずにいたという事実でした。汚染地下水は健康被害という点から考えると、まったく問題にならないレベルであっただけに、それこそクライシス・コミュニケーションで迅速に対処していれば、それほど大きな問題にはならなかったはずです。

ところが結果的に隠したことで、ブランドイメージは大きく傷つき、将来にわたって企業に与えるダメージは計り知れないものとなりました。これなども、あらかじめ問題が起こったときの仮想演習がまったくなされていなかったため、大失敗につながったケースです。

失敗したときの風景を思い浮かべる

失敗は人との関係にも大きな影響を与えます。ひとつの失敗を機に、それまで円満だった人間関係が大きく崩れたりということもよくあります。

それまで自分に好意的だった人が、突然態度を豹変させたりすると、失敗した人はそれだけで大きなショックを受けます。失敗が当人にとっての一次災害だとすると、こうした出来事は二次災害と言えるでしょう。

そうなると、もう肝心の失敗の対処すらできなくなってしまいます。

そんなことにならないように、失敗への備えとしては、人間関係がどう変化するかを含めて失敗後に起こることを風景としてあらかじめ想像しておくことが大事です。

失敗の前と後で態度が変わるといっても、気心の知れた友人などが相手なら、それほど気にすることはないでしょう。最も注意を払わなければいけないのは、利害関係によって結ばれている相手です。失敗が仕事上のものなら、その影響は取引先の担当者や自分の上司などに確実に及びます。この場合、失敗の中身や程度によって相手に起こることを想像してみると、失敗後に自分の身に起こることがよくわかるので、必要な対処法を検討するうえで参考になります。

たとえば、事業を行っている人なら、失敗したときの風景として、融資を受けている銀行がどのように態度を変えるか想像しておく必要があります。じつは私の知り合いに東京の都心で貸しビルの経営を行っている人（以下、Aさんとします）がいますが、Aさんの例などはたいへん参考になるのでここで紹介することにします。

Aさんは親から受け継いだ商売を営んでいましたが、自宅兼店舗にしていた不動産を相続したのを機に、その場所にビルを建てました。その後も同じ場所で本業の商売を続けていましたが、バブル経済の崩壊後、不良債権問題に悩まされていた銀行に振り回されることになり、たいへんな思いをしたそうです。

いまでこそ銀行の融資条件は厳しくなっていますが、バブル経済の時代は金余り現象で、銀行は積極的に融資を行いました。Aさんがビルを建てたのはちょうどその頃です。当時は土地の値上がりがすさまじく、都心の一等地などでは固定資産税の負担があまりに大きいため、従来のように店舗や住宅としてだけ不動産を使い続けるのはほぼ不可能になっていました。その一方で、土地の有効利用のためにビルやアパートを建築して多額の借金をすることになっても、その後の家賃収入によって楽に返済できると考えられていたので、Aさんと同じように不動産に多額の投資をする人は日本中の至るところにいたのです。

こういう人たちが、バブル経済の崩壊後に訪れた不動産不況の中で、一様に苦しめられることになったのは、よく知られている通りです。不動産の価値が大きく下がると同時に家賃収入が減り、借金の返済がままならなくなってしまったからです。しかも、不動産は担保割れを起こしているので、不動産を手放しても借金を清算することができません。そのため家中のお金を集めて何とか対処したとか、それでも借金が残ってしまった人が夜逃げをしたという話が当時はあちこちで聞かれました。

そして、このような事態のなかで国の方針が変わり、それを受けて銀行が態度を豹変させたことで、苦しい中で何とか返済を行ってきた人たちの状況までもがさらに悪化しました。

銀行の態度の豹変というのは、簡単にいえば完済期限の短縮です。国の方針転換によって、新たな基準に合わない債権は「不良債権」として一挙に処理されることになったのです。これはそれまで健全な形で動いていたものまで不良債権として取り扱うような厳しいものでした。銀行はそのように見なされた債権を整理回収機構に売ることを余儀なくされ、それを避けるために融資先の返済期限の短縮を迫ったのです。これがいわゆる中小企業相手の「貸しはがし」が横行した理由で、当時は銀行からの要請に応じることができなかった人たちの多くが破産に追い込まれました。

Aさんも銀行の態度の豹変によって窮地に立たされました。しかし、彼の場合は、あらかじめダメになったときのことを想定して手を打っていたお蔭で、何とかピンチを乗り切ることができたということです。

といっても、Aさんが行っていたのは特別なことではありません。銀行の担当者が数年で交替するのを見越して、交渉の記録をすべて書類に残しておいたのです。これは銀行側の突然の豹変によって自分が窮地に陥ったという事実を証明するものになりました。そのため返済期限の変更を迫ってきた銀行との交渉を有利に進めることができたようです。

「捨てる神あれば拾う神あり」

そうはいっても当時は不動産不況の時代です。銀行との交渉を有利に進めたところで、厳しい状況に追い込まれていたことには変わりありません。それでもAさんの場合は、最もたいへんな時期に突然テナントの入居が決まったりということもあり、何とか窮地を乗り切ることができたようです。

これは運がよかったということなのかもしれませんが、私から見ると、どうもそれだけではないように思います。こういうことが偶然ですまされるわけではありません。これはおそらく、その人が日頃から、どのような考えでどのように振る舞っていたかが大きく関係しているように思います。

有名なことわざに「捨てる神あれば拾う神あり」というのがあります。「誰かから見限られることがあっても、一方では助けてくれる人が出てくるものだ」ということを言っている言葉です。

この言葉から私が連想するのは、芥川龍之介の『蜘蛛の糸《くも》』です。極楽から地獄を見ていたお釈迦様が、あるとき生前にたったひとつだけ良い行いをした男が血の池の中で苦しんでいるのを見つけて哀れに思い、天から蜘蛛の糸を垂らして救おうとしたという有名な物語です。

物語の結末は、男が自分に続いて同じ糸を上ってきた地獄の住人たちに向かって「この蜘蛛の糸は己《おれ》のものだぞ。……下りろ。下りろ」と叫んだ瞬間に糸が切れてしまい、再び地獄に戻ってしまうという教訓的なものになっています。自分勝手な心によってチャンスを逃した主人公の男のことはともかくとして、こんなふうにどうにもならない状態に追い込まれたときにどこからともなく救いの糸が垂れてくるというのは、あり得ることだと思います。

もちろん、救いの糸は、期待すれば必ず垂れてくるような都合のよいものではありません。しかし、多くの失敗体験談を聞いても、窮地に立たされたときに、ふと現れることがあるのは確かなのです。

そして、こうした手助けを受けられるのは、おそらくは日頃から愚直かつ丁寧に努力を続けている人なのです。その姿をどこかで見ている人がいて、その人がたまたまピンチに陥っていることに気づいたときに、手助けをしてくれることがあるということだと思います。そう考えると、約束を守る、ウソをつかない、といった当たり前のことを愚直かつ丁寧に続けることは、失敗への備えとしても、非常に大切なことなんだ、と気づきます。

じつはAさんの場合も、債務が健全な形に戻った後に、銀行の融資担当者から、「あなたは約束の期日も含めて最初から最後まで一度も約束を違《たが》えたことがなかった」「このようなケースは自分が債権処理を担当した中で過去に数件しかなかった」と言われたそうです。

絶対にやってはいけないこと

中国の老子が残した有名な言葉に、「天網《てんもう》恢々《かいかい》疎にして漏らさず」というのがあります。これは天の法の網は粗く見えるものの、決して悪事を見逃すことがないという意味の言葉です。

真面目にしっかりやっていたところで、世の中ではなかなかうまくいかないことのほうが多いのが現実です。そのようなことが続くと、誰だって嘆きたくなるし、真面目に生きるのをやめたくなります。

しかし、そう思ってしまうのは、狭い範囲のものごとしか見ていないからです。より大きな範囲で見ていると、真面目に生きている人にはそれ相応の結果がついてきます。これは逆もまた真実です。ズルやインチキをしている人は、表面的にはうまくいっているように見えても必罰があるのです。

なんだか道徳の話のようになってしまいましたが、老子が言わんとしていたことを私なりに解釈すると、おそらく大切なのは、どんな状況になろうが、「絶対にやるべきこと」と「絶対にやってはいけないこと」を意識して行動するということなのです。

そして、失敗と付き合っていくうえで、絶対にやるべきこととは、「失敗への備え」であり「決めたことを愚直にやり続けること」です。一方、絶対にやってはいけないことは、「保身のために人を陥れるズルやインチキ」ではないでしょうか。これは第4章で述べた「絶対基準を持つ」ということとも共通する話です。

もちろん、そのような姿勢を貫いてさえいれば、誰でもいつか必ず道が開けるというものではありません。しかし、その反対に、こうした姿勢を貫けない人には、決して道が開かれないのも確かです。

つまり、これは十分条件ではないものの必要条件なのです。拾う神に、より巡り合いやすくするためにも、このような姿勢を貫くことが大事ではないでしょうか。

第7章　失敗も時代とともに変わる

「当たり前のこと」が大失敗の因になることがある

時代とともに、いろいろな場所でいろいろな変化が起こっています。この変化はじつにさまざまです。

最もわかりやすいのは、技術の進歩による生活スタイルの変化でしょう。携帯電話やネットの普及などはこの代表例ですが、これ以外にも人の価値観や社会システムなどにおいて、時代の移り変わりの中で大きな変化が見られます。

ところが、世の中で見られるこうした変化をはっきりと意識している人は意外と少ないようです。変化は徐々に起こっていくことが多いので、日々の生活では気づきにくいということもあるでしょうが、人は自分が見たい部分しか見ていないので、変化には薄々気がついていても、目にはちゃんと入っていないからでしょう。

そして、そうした人は、時代の変化によってある日突然、自分の目の前に失敗という現実を突きつけられてうろたえることになります。

私は子どもの頃から、時代の影響を最も受けやすい東京の都心部に住んでいます。とくにバブルとその崩壊の影響で、一九八〇年代後半から二〇〇〇年代にかけての地域の様変わりにはすさまじいものがあります。

たとえば、私の家の周りではその頃から、「顔見知りだった人が突然いなくなる」ということがよく起こりました。これは前章で紹介したAさんの例でも触れた、銀行などの金融機関が行った不良債権処理の影響も大きかったのではないかと思います。

金融監督庁が旗振り役となって金融機関の不良債権処理を一気に進めさせたのは、二〇〇〇年代に入ってからのことです。その際には「二〇年以上の返済は不良債権」といった画一的な評価が導入され、三〇年契約でふつうに返済を行っていた人の借金まで不良債権として扱われるようなことが起こりました。その人たちは銀行から突然借金の全額返済を迫られ、やむを得ず借金の担保となっていた土地や家屋を手放しました。我が家の近所が様変わりしたのは、そのことが関係しているように思えてなりません。

また、代替わりの影響も大きかったようです。土地や家屋を所有している人が高齢になって亡くなると、家族は相続に当たって相続税を払わなければなりません。不動産の評価額が高い都心では、その相続税の額が非常に高額になります。そのため現金での支払いがままならず、やむを得ず土地や家屋を差し出す物納で対処するケースが増えているようです。我が家の近所の様変わりには、そのことも深く関係しているように思えるのです。

事実、近所にいくつかあった大きな屋敷は、いずれも代替わりのときに土地が小分けされています。一番大きかったところで四〇〇坪程度ありましたが、そこもいまは分割されて一〇軒ほどの家が建っています。このようなことが続き、この一〇年で街並みは見事なくらい変わりました。以前はゆったりとしていたのが、いまはひどくコセコセとした印象を受けるのです。

そして、最大の変化は木が少なくなったことです。大きな屋敷があったときには、庭木が生い茂って都心とは思えない雰囲気を醸し出していました。それがいまでは建物だらけになっています。それが国が進めた金融機関の不良債権処理や、長年住んでいた人が代替わりのときに土地や家屋を手放さなければならない税制の影響だと考えると、ちょっと寂しい気分になります。

それはさておき、ここで取り上げたいのは、国や銀行が突然の方針転換を行ったことで土地や家屋を手放さなければならなかった人たちのことです。彼らにとっては、これはまさしく人生を大きく変える大失敗でした。しかし、彼らが何かおかしなことをしたかというと、そんなことは一切ありません。彼らはただ普通に生活していただけなのに、政府や銀行の突然の方針転換によって失敗者になってしまったのです。傍から見ると、運が悪いとしか言いようのない悲劇です。こんなことが起こっていいとは私も思いません。

しかし、見方を変えると、じつは社会のルールや考え方が変わる中で失敗に追い込まれることは、昔からよくあることなのです。しかもこういった悲劇は、世情に疎い人だけでなく、社会の動きに敏感な人の身にも起こり得ます。本人は社会の動きに合わせて上手に振る舞っているつもりでも、社会のほうが予想外の変わり方をすることがあるからです。

こうなるといままでの成功者が、突然窮地に追い込まれることになります。この種の失敗は、防ぐことができないものに思われるかもしれません。しかし、ここでの教訓は「社会は変わるものだ」ということを、常に意識しているかどうかということなのです。もし意識していれば、少なくとも致命的な失敗を招くことは、避けられるでしょう。

たとえば一般の日本人からすると極端な生き方に見えるかもしれませんが、在外中国人である華僑の生き方などはそうでしょう。常に移民としてマイノリティの存在である華僑は、過去、移住先の国家の方針転換で何度もひどい目に遭ってきました。そのため彼らは移住先で社会的に成功し、一見すると根を生やして生活しているように見えても、必ず将来の突然の変化に備えて、他国にも財産を預けるなどのリスク分散を図っています。なかには子どもの留学先も、長子はアメリカ、次子はヨーロッパというように、分散させている家族もいるそうです。

大切なのは、「社会は必ず変化する」ということを念頭に置き、その変化を意識することです。変化によって、従来どおりやっていたことが、突然大失敗の元になることがあるのです。それさえ理解できれば、社会の変化に敏感になって、大きな失敗に追い込まれる前に何らかの手を打つような行動ができるようになるのではないかと思います。

評価の目が厳しくなっている

かつて日本の社会の中では、「うまくいって当たり前」という考え方が支配的でした。これが失敗を見るときの基準になっていたので、些細なものでも他人の失敗に厳しい目が向けられることが多かったのです。

社会の風潮がこのように失敗に否定的だと、新しいことへの挑戦はやりづらくなります。新たな試みには失敗がつきものですが、その失敗が否定されると、次代を担う新しいものが生まれず、社会の活動そのものが停滞してしまいます。些細な失敗にまで目くじらを立てることは、社会全体から見るとマイナスにしかなりません。

私はそのことを「失敗学」を通じて強く主張してきました。しかし、口ではそのように言いつつも、心の中では「失敗に対する否定的な見方はなかなか変わらないだろう」と思っていました。それは人の性質やものの見方を変えるのは簡単ではないし、時間がかかることだからです。

しかし、私の予想に反して、人々の失敗に対する考え方は、近年明らかに変わってきています。もちろん、いまでもかなりヒステリックに他人の失敗を責めたりするケースを目にすることはあります。それでも以前とは違って、些細な失敗にまで目くじらを立てるケースは明らかに少なくなっているように見えるのです。

実際、世間が大騒ぎをしている失敗の大半は、インチキによって周りに多大な不利益を与えている、責められるだけの理由があるケースです。それ以外の失敗への反応は明らかに異なります。「あいつが悪い」と安易な責任追及に走る前に、どのようなことが起こっているかなど、まずは状況を冷静に分析するようになっているのです。

以前は、失敗の見方も非常に未熟でした。些細な失敗にまで目くじらを立てる一方で、大失敗であろうと、失敗した人が原因を「未知のもの」として「知らなかった」「わからなかった」と言い訳をすれば、うまく誤魔化せるようなところがあったのです。

ところが、いまはそのような誤魔化しがまったく通用しなくなっています。そのような言い訳をしたら、「ご冗談でしょう。あなたはわかっていておやりになったんでしょう」という調子で徹底的に叩かれます。

これは日本の社会が、失敗の評価を以前に比べきちんと行うようになった結果です。そう考えると、日本の失敗文化は以前に比べてはるかに成熟したものになっているといえます。

その理由として、自分の頭でものごとを判断して動ける人が増えてきたことがあげられるでしょう。一九八〇年代末のバブル期までは、誰かが決めた基準に従って横並びで動くことがよいこととされてきました。ところがその後、マニュアル頼みの従来型の方法がうまく機能しなくなり、それぞれが状況に合わせながら自分の判断で動くことを求められるようになってきたのです。たとえば、その一例が九五年の阪神淡路大震災の復興支援の際にも活躍した「ボランティア」でしょう。これ以降は、日本でも自分の判断で動きながら社会に貢献しようとする人が増えています。

自分の頭で判断ができる人は、失敗に対しての評価もきちんと行うことができます。そして、そのような人がだんだんと増えているから、失敗の程度や中身によって社会の反応が異なるケースが目立つようになってきたのではないかと、私は考えています。これはある意味で、失敗に対する社会の評価の目が厳しくなっているということでもあります。

もっとも、この評価がいつも正しく行われているほどには、まだ失敗文化は成熟していないと思います。

些細な失敗に対して比較的寛容になった一方で、昔は許されていたようなちょっとしたインチキに過剰に反応するような面もあります。

たとえば、いわゆる食品偽装問題への人々の反応を見るとそれはよくわかります。産地の偽装は明らかなインチキなので、不正を行った業者は厳しく追及されても仕方ないでしょう。また、食品を雑に扱って健康被害を出した場合も同じです。しかし、健康被害とはそれほど関係のない消費期限や賞味期限に関する問題までをこれらと同じと考えて、「インチキは絶対にあってはならない」「インチキを行った業者は絶対に許さない」という態度でヒステリックに責めるのは明らかに行き過ぎでしょう。

もちろん、消費期限や賞味期限が過ぎた食品に何も手を加えず、期限を表示したシールだけを単純に新しいものに貼り替えて販売するようなことはあってはなりません。私がここで問題にしているのは、そのような明らかな不正ではなく、期限切れの食品を原料として再利用するときの話です。

そもそも消費期限や賞味期限などは形式的な取り決めに過ぎず、その期間を過ぎた瞬間に食品が急に毒に変わるようなことはありません。にもかかわらず、現実にはそのようなものを危険のないように処置して再利用することまで徹底的に糾弾されているのですから、これは明らかに変です。

一連の食品偽装問題でバッシングを受けた食品業者の中には、こうした理不尽な理由で責められているケースもありました（第4章で触れた赤福のケースはその典型例です）。これは責められるほうにとっても不本意です。近い将来、世界は深刻な食料不足になると言われていますが、そのような時代がやって来たら、「消費期限や賞味期限が切れた食品はリサイクルして使うべき」と誰もが口を揃えて逆のことを主張していることでしょう。消費期限と賞味期限をめぐる問題に対する社会の反応には、そのようなヒステリックなおかしさが含まれているのです。

とはいえ、これもまた日本の失敗文化が成熟する過程で起こっているひとつの現象といえるのではないかと、私は全体では評価しています。

マスコミとの関係

第4章で、宇於崎裕美さんの提唱する「クライシス・コミュニケーション」に触れました。社会が失敗の評価を行うとき、マスコミの報道の影響が強いのは確かなので、失敗した人がそこでいかに正確な情報発信を行うかは重要な問題になっています。

最近続いている企業の不祥事の際の報道を見ていても、テレビをはじめとするマスコミが、社会の中で行われている失敗の判断にまで非常に強い影響力を持っていることがよくわかります。実際、ある失敗に対して否定的な報道がなされると、それを機に失敗した人や組織に対して一斉にバッシングが始まることもよくあります。

ただし、このときのマスコミの見方がいつも正しいとは限りません。実際には、正しい見方をしていることのほうが珍しいくらいです。

大きな事故が起こったとき、私はマスコミから取材を受けることがよくあります。そのときやってくるのは、たいていは社会部の記者です。彼らは日頃から事件や事故の報道を担当していますが、なかには工学的な知識がまったくなく、誤った知識をベースに機械の事故に関する批判記事を堂々と書いているような人がいて、非常に驚くことがあります。

私が感じたのと同じ印象は、バッシングを受けた人たちも持っているようです。ある問題を理解するときに必要な知識がその人の中に欠落していると、真相をこと細かに伝えても相手には理解できないから真意が伝わりません。こういう場合、記事になるときには「落ち度があったから事故になった」という単純な構図になっていることが多いようですが、かつてバッシングを受けたことのある会社の広報担当者などはそのことにひどく憤り、「マスコミの人たちはもっと勉強をしてほしい」と嘆いていました。

この広報担当者の言っているのは正論です。しかし、そこで泣き言を言ってもあまり意味のないことです。正しい報道が行われない原因がわかっているのであれば、それに対し手を打たないことには失敗への備えになりません。厳しいことを言うようですが、事故の記事を書く人が知識不足というなら、あらかじめそれを補うような行動をすればいいのです。

たとえば、新聞やテレビの記者を集めて、会社見学や工場見学などの活動をやるのもひとつの手です。そのようにして日頃から記者たちに勉強をしてもらうのです。事故が起こる前にそのような努力を一切しなければ、起こった失敗の正しい意味を伝えることはできないのは当然ではないでしょうか。

先ほどの広報担当者は、私のこのアドバイスを受け入れ、実際に会社としてメディア向けの見学会をすでに始めています。記者たちも忙しいので、参加者はなかなか増えないようですが、それでもなかには勉強熱心な人もいるそうです。会社の立場で考えると、メディアで報道されるような失敗が起こらないのが一番です。しかし、仮に起こったとしても、次の機会にはメディアを通じて、より正確な情報伝達が行われるものと期待されます。

また、一方では、マスコミ報道が諸悪の根源だという見方もあります。バッシング報道のなかにはいい加減な情報を元にした煽動的な報道も多いので、彼らの報道のあり方を疑問視する声があがるのは当然のことです。しかし、これは本来、「マスコミが悪い」の一言で済まされるものではありません。このようにすべての責任をマスコミに押し付けるような考え方をするのは、これもまた無責任な態度ではないでしょうか。

そもそもマスコミが問題を単純化して示したり、煽動的な報道を行っているのは、情報の受け手にそのようなことを望んでいる人が多いから、とも言えます。実際、大多数の人がテレビや新聞に期待しているのは、いまは本質を伝えてくれることではなく、問題を面白おかしく見せてくれることになっています。そのような視聴者や読者に合わせた番組づくりや記事づくりを行っているから、報道の中身がおかしなものになっているように見えます。

この状況を変えるためにはマスコミに対しての刺激が必要です。たとえば、テレビや新聞が「おかしな報道を行っている」と感じられるなら、そのように感じた人がいかにおかしいかをアピールする行動を起こせばいいのです。いまはネットの充実などで、個人で行動を起こすコストも以前と比べははるかに下がっています。そうしたことをせずに問題をそのまま放置していては、社会全体がいい方向に向かうことはありません。

マスコミの報道に本質的なものを求める人が増えれば、視聴率や販売部数のアップを意識して、必然的にそのような報道が行われるようになるのは当然のことです。もともと情報の受け手には、このような形のフィードバックの機会が与えられています。その権利を一切行使せず、「本質を伝えないマスコミが悪い」「面白おかしく煽動しているマスコミが悪い」と主張するのはおかしなことです。これはストレスの発散くらいにはなりますが、そのようなことをいくら続けたところで現状は何も変わらないのです。

村社会の「掟」は通用しない

かつての日本のコミュニティでは、「上が言うことはすべて正しい」「上から言われたことは反社会的なことであっても守るべきだ」という〝常識〟がありました。この常識は、いわば閉ざされた共同体である村社会の「掟《おきて》」のようなものです。

しかし、いまのように海外も含め、外との交流が活発に行われるようになると、村社会の掟は、一切通用しなくなります。それは求められている役割や評価の方法が外部と接触する中で決められるようになり、必然的に外でも通用するルールに従って動かなければならなくなるからです。

これは会社などの組織も同じです。たとえば、大きな失敗をしたときでも、以前はその会社が自分たちの基準に基づいて後始末をすることができました。ところが、いまは失敗時の対応への評価が社会からストレートに返ってくるので、そのような誤魔化しが一切できなくなっています。その後始末を間違えたために、組織の存続自体が危ぶまれるようなことも起こっています。

そのため、第4章でも触れたように、いままでは失敗したときに、社外の人たちを集めた第三者委員会のようなものをつくり、社会の基準によってその失敗の評価を行いながら対処する会社が増えています。

とはいえ、失敗が起こったときにこのような考え方で対処している会社は、日本ではまだ少ないようです。第三者委員会のようなものをつくるケースは確かに増えていますが、少なくとも大多数の人たちの頭の中は、いまだに「法律で決められたことだけを守っていればいい」という安直な考え方に支配されています。こうした頭が固いうえに感度が悪く、社会の変化に対応できないでいる人は、古くからある会社の経営者や、その人たちへのアドバイザーに多いようです。

会社が事故などの失敗を起こしたときには、刑事罰や民事上の損害賠償など法律に絡んだいろんな問題が生じます。そのため会社の経営者は、失敗について弁護士などに相談しますが、その相談相手がいまの社会からズレた助言しか与えることができないと、そこでさらに問題を生じさせることになります。

失敗後の対応策が、社会が求めていることに何ひとつ応えるものになっておらず、騒動を鎮めるどころか、反発を招いてかえって騒動を大きくしているのです。

たとえば二〇〇六年に、湯沸かし器使用による連続死亡事故が表面化し問題になったパロマのケースがそうです。問題発覚後、パロマは自社の対応のおかしさを一切認めませんでした。そのことに違和感を抱いた人は多かったと思われます。

同社の対応は、「相次いで起こった事故によって関係者が業務上過失致死罪に問われてはならない」という考え方に基づいていたと思われます。経営判断を行った人や対処法のアドバイスをした人たちは、おそらくは「罪にならなければ会社の社会的評価は下がらない」とでも考えていたのでしょう。一連の対応を見て私が受けた印象は、「狭い見方しかできない人たちが手前勝手な論理で動いている」というものです。その後も世間からの批判がなかなか収まらなかったことを考えると、多くの人も、同じような印象を受けたのではないでしょうか。

「コンプライアンス」の正しい意味

最近は企業が何か事故や不祥事を起こすと、必ず「今後はコンプライアンスを徹底して……」といったお詫び会見が開かれるようになりました。

コンプライアンスは「法令遵守」と一般的に訳されています。元検事の弁護士で企業のコンプライアンスに詳しい郷原信郎《ごうはらのぶお》さんも、「法令遵守」という言葉のおかしさについて再三発言していますが、私もこの訳語には違和感を覚えます。

じつは「コンプライアンス」という言葉は、工学の世界でも使われています。この場合の意味は、相手のものの形に従ってそのものが変形するときの「柔らかさ」や「柔軟性」などを示しています。

たとえば自動車の車体をプレスでつくるとき、鉄板を金型の間にはさんで押しつけますが、鉄板が金型の形に素直にならって変形することが求められます。このとき素直に変形する度合いをコンプライアンスと言っています。

これを具体的な物理量で表現すると、バネに負荷を加えたときの荷重を伸びで割った比例定数《じょうすう》を「バネ定数」と言います。そして、工学の世界における「コンプライアンス」は、このような剛性の逆数のことを指しているのです。つまり、あるものに一定の力を加えたとき、どれだけ大きな変形が起こるかを表しているのが「コンプライアンス」なのです。

たとえば、「コンプライアンスが大きい」というと、小さな力で大きく変形する状態を表します。これを人間関係に当てはめてみると、社会や相手の変化に順応するように自分が柔軟に変化している姿が想像されます。社会が何を求めているかをきちんと見極め、それに順応しながら柔軟に動いていくこと、これがまさしく「コンプライアンス」の本当の意味であり目的であると私は理解しています。

ある会社ではコンプライアンスを「社会や法律のルールを守ることはもとより、ステークホルダー（利害関係者）の皆様の期待に誠実に応え、信頼を得ること」と定義していますが、ステークホルダーを広い意味で「社会」と捉えると、まったく同感です。

その「コンプライアンス」が日本では「法令を遵守すること」と理解されているのです。これはどう考えても変です。そもそも法律を守るのは当たり前のことで、それを「コンプライアンスの徹底を云々」などとあらためて強調されても、聞いているほうは「何を当たり前のことを言ってるんだ」くらいにしか思いません。裏を返せば、このようなおかしな考え方がまかり通っているから、日本には失敗への対処がきちんとやれずにいる会社がまだまだ多いのだと思います。

ちなみに、「コンプライアンス」を「法令遵守」とすることのおかしさは、反対に日本語から英語に直してみればよくわかります。「法令遵守」を英語に直すと「Compliance」にはならず、「Observance of law」や「Compliance with the law」となります。

つまり、「コンプライアンス」を「法令遵守」とするのは、「マンション（Mansion）」（「大邸宅」という意味だがアパートと差別化をはかるために意図的に間違った意味を当てて使っている）などの言葉と同じで、日本でしか通用しないものなのです。

口先だけの対応では信用されない

ところで、「コンプライアンス」を「法令遵守」とする〝誤訳〟がなされたのは、日本の文化が深く関係しているようにも思われます。昔から日本では、誰かが決めたものに従って動くのが社会規範であるかのように扱われてきました。それが村の掟とされていたから、社会的な責任を果たすうえで、誰かが決めた規則に対して「それをしっかり守ります」という姿勢を示すことが最も重要であると考えてしまったのではないでしょうか。

もうひとつ考えられるのは、「コンプライアンス」を単純に「法令遵守」と解釈したほうが楽だと考える人たちがいるということです。たとえば、事故や不祥事を起こしたときに、外側に向かって「コンプライアンスを徹底させて云々」と情報発信をして事態を収めることができるなら、これほど楽なことはありません。前述したように、お詫び会見でこのようなことを臆面もなく主張している会社は現実にたくさんあります。

こういう姿を見ていると、私は「それではあなたの会社はこれまでは違法行為を容認していたのですか」と皮肉のひとつも言いたくなります。先ほども言いましたが、法律を守るのは当たり前のことなのです。もっと言えば、社会の要求に応じて会社が活動の方法を変えていくのも当たり前です。「コンプライアンス」という言葉をあえて持ち出さないと、その当たり前のことができないような組織運営が行われていること自体が私には信じられません。

最近は事故や不祥事を危惧する人たちに向かって、経営者が「わが社はコンプライアンスがきちんとしているから」と話している姿をよく見かけます。これはかつて多くの会社が「わが社にはマニュアルがあるから大丈夫」と言いながら失敗を繰り返していた姿とどこか重なります。彼らは形式さえ整えればいいんだ、という大きな過ちを犯しているのです。

製品やサービスの品質を一定のレベル以上に保つためには、マニュアルのようなものは必要です。ただし、マニュアルを使うときには、環境などの制約条件の変化によってマニュアルが当初の目的を果たせなくなっていないかどうかを常に検証する必要があります。それをせずに一度つくり上げたものに完全に依存し、「うちにはマニュアルがあるから大丈夫」「うちはマニュアルに従ってるから問題ない」などと主張している経営者は、大失敗の原因を自らつくっているようなものです。

コンプライアンスもまったく同じです。ただ形の上だけのことになってしまうと、社会の変化する要請についていけなくて、それだけ大きな失敗をする危険を高めてしまうことにもなるのです。経営者が「うちはコンプライアンスをきちんとやっているから大丈夫」と話しているのを聞くと、逆に危うさを感じるのはそのためです。

キリギリスの時代は終わった

最近の社会保障に関する論議を見ていると、ぬるい経営判断を行っている経営者たちの姿がダブって見えます。それは、社会の変化ということをまったく感じていないという点です。

一九八〇年代のバブル期頃までは、社会には「成功するための定式」がありました。その定式に従ってさえいれば、どんな人でもそれなりの努力でそれなりの結果を出すことができました。

ところが、いまはそのような動き方では結果が出せなくなっています。それは社会全体に通用するマニュアルがなくなったからです。要求も多様化しているので、成功を得るには、新たなマニュアルが必要になります。しかし、以前と違うのは、そのマニュアルを、社会の要求を見ながら、自分たちでつくり出さなければならなくなっていることです。

もちろん、そのためには自分でいろいろなことを観察したり考えたり判断したりしなければなりません。これは非常にたいへんなことです。誰かが与えてくれるのをただ待っているというのに慣れていた人にとっては、もしかすると不可能に近いことかもしれません。

そこで、こういう人たちの多くは、「閉塞感」という言葉を口にしながら、社会のシステムが変わったことを大いに嘆いています。しかし、これは「オレがキリギリスでいられなくなったのは社会のせいだ」と言っているように聞こえてしまいます。

いままで、楽をすることができたのは、日本の戦後の社会のシステムがたまたま例外的にしっかりしていたからに過ぎません。もちろんそうなったのは先輩方の努力もあったし、その背景には日本が置かれた環境が非常に恵まれていたということもありました。世界的に見ても歴史的に見ても、このようなケースは珍しく、むしろいままでキリギリスでいられたほうが奇跡と言えます。それが崩れたのは、「当たり前のことが当たり前のように起こった」というふうに考えるのが自然です。

そもそも永久にキリギリスでいられるはずはないのですから、アリのように努力を強いられるようになったことを恨むのはお門違いです。社会のシステムがいままでどおりにあてにできてもできなくても、個人は個人で生きていかなければなりません。そのことを前提にしていないと、困難な状況に追い込まれたときに何もできず、結果として自分が不幸になるだけです。

こうした時代に必要なのは、仮説を立てたり自分の経験を通じて考えをつくっていく能力だと私は考えています。誰かをあてにするのではなく、そのときどきで必要な考えを自分自身でつくれるようにするのです。それができる人が、社会のシステムがあてにならない困難な状況でも、アリのように努力をしながらしぶとく生きていけるのではないでしょうか。

第8章　周りが失敗したとき

人命優先のインチキは許される

ここまでは、主に自分や自分が属している組織が失敗したときのことを前提に話をしてきました。しかし、向き合わなければならない失敗は、必ずしも自分のものとは限りません。そこでこの章では、周りが失敗したときのことを考えてみたいと思います。

私のところに相談に来る人の中にも、周りの失敗にどうやって対応するかで悩んで来るケースがときどきあります。そのなかで多いのが、自分の部下の失敗の後始末に関する相談です。

多くの人は会社の中で、「いい仕事をしたい」「周りから評価されたい」などと思いながら仕事に取り組んでいます。しかし、現実にはなかなかその希望どおりにはいかないので、そのことにジレンマを感じたり、「自分は正しく評価されていないのではないか」と不満を感じている人は多いようです。

それでも一生懸命頑張っているのを見ると、上司としてはそのうちにチャンスを与えたくなります。やり甲斐のあるテーマを与え、サポート役の部下を二、三人つけてチームを結成させて、プロジェクトのリーダーとしてその人が自分の判断で仕事ができるようにさせるのです。

そのプロジェクトには当然、期限や予算の制約があります。それが大きなプレッシャーになりますが、自分の考えで人を動かしたりものを試す楽しさがそれを忘れさせます。実際、そのような状況に置いてやると、誰でもハイな気分になって夢中で仕事に取り組みます。

しかし、そうやって夢中で仕事に取り組んでも、うまくいくことばかりではありません。そのためチャンスを与えられた相手は、そのうちに大きな壁にぶつかることになります。その際、リーダーとしての経験が少ない人ほど、ショックや悩みが深く辛いものになりがちです。

はじめてチームのリーダーになった人にとっては、リーダーの仕事は何もかもがわからないことだらけです。メンバーの扱いや外との折衝などやったことのない仕事ばかりで、経験のある上司がサポートしてやらないとうまくできません。それをうまく乗り越えても、そのうちに約束の期限が迫ってきて、それが大きなプレッシャーになります。この段階でひどいうつ状態になり、「自分は何もできない」と急にふさぎ込むようになってまったく動けなくなってしまう人もいます。

人とお金をつぎ込んで仕事をさせている以上、会社は必ず結果を求めます。そのためチームのリーダーが潰れた場合は、その上司がカバーしなければならなくなります。その際、潰れたのが公になるとその人が立ち直れなくなるので、カバーに回る上司はそのことを隠すことも多いようです。実際には自分がカバーをしながら、表向きは潰れたその人がいかにもきちんと働いているかのように装うのです。

これは、「よいインチキ」だと私は思います。いまは成果主義が当たり前になっています。課題を与えてそれができるかできないかで評価する会社が増えています。その一方で、社員のうつ病の増加が大きな社会問題になっています。このふたつは、じつは深く関係しているように私には見えます。

本書で繰り返しているように、人の命に関わることは、何があっても最優先というのが私の持論です。そのためには杓子定規《しゃくしじょうぎ》で考えてはいけません。仮に成果主義と自殺の増加に関連があるとするなら、ときにはインチキをするなどのぬるい対応が行われることがあってもいいと考えています。

よいインチキということでは、以前こんな話を聞いたことがあります。あるとき工場で一度に百個の不良品が出ました。それは起こった事実だけ取り上げると、ひとりの担当者のミスに見えるトラブルでした。しかしその背景には、その会社が昔からやっていた考え方・やり方のおかしさがあり、そのために生じたトラブルだったのです。しかしそのトラブルの事実だけをそのまま本社に報告すると、担当者のみに何らかの処罰が下されるのは確実です。これでは何ら根本的な事態の解決にならないばかりか、いちばん生真面目に仕事をしている人に責任を押し付けるという理不尽な始末の付け方になってしまいます。

そこで工場長は、現場の周りの人々にも協力をあおぎ、不良品を確率的に不自然ではないくらいの割合で少しずつ完成品の束に紛れ込ませることで、一度に百個の不良品が出たという事実を〝隠蔽〟したのです。

これなども一見すると、インチキのように見えますが、本質的な解決策を実行できないうちに形式的な処理を行うことを防止した、真の組織運営をした例だと思います。

失敗した人をフォローする

周りが失敗した当人のフォローをするのは簡単なことではありません。それは、よほど注意深く観察していないと、相手の状態を正確に把握することは困難だからです。

たとえば第1章で、私が定年を控えてうつ状態になった話をしましたが、そのことに気づいてくれた人は、私の周りにはほとんどいませんでした。酒の席などで辛い状態にあることを話しても、信じてくれた人は数えるほどです。なかには面と向かって、「おまえがうつなら世の中の人はみんなうつだ」と言うような人もいました。

これは私の周りの人たちが「特別に鈍感」ということではないと思います。うつ状態になっているかどうかは、周りから見ているだけではそれほどわかりにくいのです。そのため私は、学生たちと接するときには、常にアンテナを張り巡らせています。だから異変を察知したときには、すぐにその学生との接し方を変えることができましたが、こういう対応は日頃から意識していないとなかなかできるものではありません。

もちろん私は精神科医ではないので、学生がうつ状態にあることがわかったところで治療まではできません。それでもうつ状態の辛さを体験的に知っているので、立ち直りのきっかけのようなものを学生たちに与えることはできました。

研究室のメンバーの中には、卒論の時期になると何もできなくなってしまう学生が毎年必ずいます。彼らは一様に真面目で、頭の中では「あれをやらなきゃ」「これをやらなきゃ」「もっと頑張らなくちゃ」といった考えがグルグル渦巻いています。でもそのように考えているだけで行動にまでは至らず、そのうちに時間が過ぎてしまって、結局は何もできないでいるのです。

このような学生を指導するときに私が注意したのは、彼らが荷の重さに押し潰されないようにすることです。私の研究室では、卒論のテーマは私と学生との話し合いで決めて、必ずグループで取り組むことになっていました。研究や実験などはすべて共同作業で行うので、潰れそうな人が出てきたときには、与えていたテーマの研究をとりあえず中止させて、順調に進んでいる別のグループにその人を移すことで精神的な負担を減らすことができたのです。

場合によっては、他の学生に頼んで一緒に学校に泊まってもらったり、アパートに泊まらせてもらうといったこともしました。とにかくひとりでは寝かせないようにしたのです。うつ状態のときにひとりで寝ると、布団の中で不安ばかりが募っていくことがあるからです。フォローに付き合わされた研究室のメンバーはたいへんだったと思いますが、お蔭で私の研究室からはひとりの自殺者も出なかったのですから、協力してくれた学生たちには「本当によくやってくれた」といまでも感謝しています。

もちろん私自身、精神的にダメージを受けている学生と真正面から向き合いました。

そういうときに意識して行ったのは、相手の辛さの一部を自分が引き受けることです。だから相手が愚痴をこぼしたければ、それを徹底的に聞いてやるし、酒を飲んで憂さを晴らしたければ一緒に飲む機会を設けました。

こういうときに周りが絶対にやってはいけないのは、「もっと頑張れ」とか「もっと元気を出せ」と励ますことです。そのことが一番よくわかっているのは、じつはほかならぬ本人です。すでに十分に頑張ったり、元気を出したいと思っているのに、それができないから悩んでいるのです。そのときに周りが「もっと頑張れ」「もっと元気を出せ」と声をかけるのは、「もっと目標を高くしろ」「目標に到達する時間を短くしろ」と言ってプレッシャーをかけているのと同じです。

エネルギーがないからうつ状態にあるのに、そこでさらにエネルギーを出すことを要求するのは、相手に「死ね」と言っているようなものです。うつ状態の人と接するときには、このように相手にプレッシャーをかけたり、こちらの価値観を押し付けるようなことは一切してはなりません。これも第1章で触れた三〇年以上前の教授会の特別講義で専門家から教わったことですが、私はうつの人だけでなく失敗した人に接するときにもこのアドバイスの通りのことをいまでも忠実に行っています。

こういうときには本当に、励ましの言葉をかけるより相手の話をただひたすら聞いてやるほうがはるかに効果的です。これは私の体験からも自信を持って言えます。たとえば「自分は無能だ」と悲観的なことを言ってきたら、厳しく叱責したりせず、「いまは疲れているだけだから」と言ってやるのです。こんなふうに気持ちを楽にしてやりながら体の中にエネルギーが蓄えられるのをじっくり待ってやると、たいていの人は自らが持っている回復力のおかげで自然に状態がよくなっていきます。

とはいえ、このようなフォローを続けるのは非常にたいへんなことです。正直に言うと、私は定年を迎えたとき、「これで研究室の学生の面倒を見なくて済む」とほっとして肩の荷が下りた気持ちがしたものです。指導者が行わなければならないメンタルヘルスケアは、それほど大きなプレッシャーがかかる仕事なのです。会社など組織の中で部下を抱える管理者も、おそらく同じような心境ではないでしょうか。

しかし一方で、そうまでして取り組んできたことが、「所詮は一時的な対処にしかならなかった」とも実感しています。私の研究室のメンバーは確かにひどい状況を乗り切ることができました。でもそれは潰れそうになったときにサポートが得られる恵まれた環境があればこそです。卒業後に同じような環境が用意されているとは限らないし、こういう人たちは周りに頼ることを含めて自分で克服していく術《すべ》を身につけないと、再び窮地に立たされたときに潰れてしまう危険性が高くなります。

実際、ある日突然、研究室OBが就職した会社の人事部から「○○さんが行方不明になってるんですけど先生のところに連絡は来てませんか」といったような問い合わせが来たことも何度かありました。もちろん彼らにもサポートを行いつつ自分ひとりで乗り越えていく方法を教えたつもりでした。でもこれは誰でも簡単に身につけられるものではなかったようです。

これは私にとっては言わば容易に予測できる失敗です。結果は明らかなのに対処ができなかったのですから、本当に残念でなりません。

失敗した人のフォローを周りが行うのは、このように非常にたいへんなことなのです。会社の場合はなおさらです。大学と違って会社は競争の場でもあります。そこで人のフォローを求めると、いろんなところで矛盾が生じることになります。

それはこの章の最初に取り上げた例で考えるとよくわかるでしょう。プロジェクトのリーダーが潰れたことが公になると、その人を任命した上司は管理責任を問われかねません。部下は部下で、潰れかかったリーダーのせいで、それまで一生懸命やってきたことがすべてムダになってしまうかもしれません。

そこでさらに潰れたリーダーのフォローまで求められたらどうなるか。おそらく周りは、「尻ぬぐいをさせられている」と受け止めて、やりきれない気持ちにさせられるでしょう。

それでも「失敗を苦にして人が死ぬ」ということは絶対に防がなくてはならないと私は考えています。それは社会や組織、失敗した人の周りにいる人たちの責務なのです。

刑事訴追と懲罰人事

失敗した人すべてがうつの状態になるわけではありません。でもその反対に、うつの原因が失敗にあることはよくあります。

これは日本の社会の中では、いまだに失敗が「よくないこと」と位置づけられているからでしょう。前述したように、ほとんどの会社で失敗が減点の対象とされています。だから多くの人は、失敗を「出世や昇給に関係する重要な問題」として受け止めているのです。

これは裁判などでも同じことが言えます。日本の社会システムは、会社など組織の失敗であっても、最終的には個人がその罰を受ける仕組みになっています。そのせいで失敗した人の悩みはますます深くなっているのです。

実際、いまの日本では、大きな失敗の責任は必ず刑事裁判で厳しく追及されることになります。企業が事故などを起こしたとき、仮に死傷者を出してしまうと、刑事訴追はまず免れません。こういう場合、関係者やその上司が過失致死罪や過失致傷罪に問われることになるのです。

そのときの警察や検察の取り調べで、心ならずもその人が自分の非を認めたりするとたいへんなことが起こります。自白が重視される日本の裁判の場では、本当に責任があるかどうかなど関係なく、形だけでも非を認めた瞬間からそれがすべて真実として扱われることになるからです。

仮に厳しい取り調べを無難にこなして刑事訴追を逃れることができても、会社に戻ってきた関係者にはさらなる厳しい仕打ちが待っています。無罪放免になったところで元の部署で同じ仕事を続けることはまずできないでしょう。たいていは懲罰人事によって左遷か降格させられることになるからです。

裁判で責任がないことが明らかになったのに、それでも会社が個人に失敗の責任をかぶせるようなことを行うのは、早い話が世間を納得させるためです。本人に責任はないとはいえ、失敗の責任を追及された人が失敗後も同じ部署で同じ仕事を続けているのを知ったら、世間は「あの会社は反省していない」「また同じ失敗を繰り返すのではないか」と批判します。そのような批判をかわすために、会社は懲罰人事のような目に見える形の対策を行うのです。

もちろんこれは「形式的なもの」ということになっています。ただし、実際には懲罰人事が単なる「個人への失敗の責任の押し付け」になっていることも少なくないようです。

死亡事故を起こしたある会社の関係者から相談を受けたときのことです。その会社でも事故当時の責任者は左遷されていましたが、会社は人事異動を行った後、その人に対して何のフォローもしていませんでした。

それを聞いて私はたいへん驚きました。これでは失敗の責任を組織が一個人に押し付けて、それですべてを終わりにしているようなものだからです。これはとんでもない話で、本当の意味で失敗を貴重な糧としているとは言えません。こんなことをしていては将来も同じ失敗を起こしかねません。

確かに死亡事故が起こったときの責任者は、ほかならぬ左遷されたその人です。でもそれだけの理由で「失敗のすべての責任はその人にある」という扱いをするのはあまりに短絡的すぎます。ほとんどの場合、失敗の真の原因はその会社のやり方や考え方などに潜んでいます。会社の文化に問題があるから失敗が起こっているのですから、その責任を一個人に押し付けて終わりにするのは筋違いなのです。

私には、失敗後に左遷されたその人は、運悪くたまたま失敗のときに責任者だった不幸な人としか見えません。本当の原因は別のところにあるので、別の誰かが責任者のときに同じような事故が起こっていた可能性だって十分にあるのです。つまり事故の責任を負わされた人は、貧乏くじを引かされたようなものなのです。

もちろん誰かが責任を負う形にしないと、社外も含めて周りは納得してくれないので、懲罰人事によって事故当時の責任者を左遷や降格させたりといった目に見える形の後始末をするのは仕方がないことかもしれません。とはいえ、これはあくまで形の上で必要なことです。本来は失敗の責任を負わせた相手には「会社はあなたの責任だとは思ってはいない」ということをきちんと伝えて、時期が来たらやはり復活人事をやるなどしてしっかりとフォローをすることが大切ではないでしょうか。

私のところに相談にきた人には、そうしたことを伝えました。すると彼はすぐに納得し、左遷したかつての責任者に対するフォローを会社として始めたようです。

じつは最近、同じような話をやはり死亡事故を起こした別の会社の責任者にもしました。すると私の話を聞いてから、その会社でも失敗の責任者に対するフォローを手厚く行うようになったようです。

たとえばその会社では、事故の件で社員が警察の取り調べを受けたら、帰ってきたときには必ず会社の人間に出迎えさせて、「本当は事故が起こったのは会社の責任」ということを、その人にははっきりとわからせるようにしています。また組織の失敗に関する懲罰人事を行うときには、異動前と同等のポストや待遇を用意して、本人だけでなく周りにも形式的措置であることが伝わるようにしています。

こうした配慮は絶対に必要です。そもそも会社の失敗の責任を誰かに押し付けるような解決法を納得して受け入れられる人などいません。この気持ちは周りの社員も同じで、大半は目の前で行われているトカゲの尻尾切りを忸怩《じくじ》たる思いで見ています。こういう場合でも、会社が失敗の責任を認めて、そのうえで形式的な解決を行っていることが伝わると反応は変わります。しかも復活人事まで用意されているとなると、会社に対して反発するどころか、逆に会社に誇りを持てるようになるでしょう。

何よりも会社がそのような態度を見せてくれたら、身内が警察の取り調べを受けたことで暗澹《あんたん》たる気持ちにさせられていた家族が救われます。世間での批判はなかなか収まらないかもしれませんが、家族は会社の配慮を見て「お父さんは本当は悪くなかったんだ」と考えることができるからです。そうなると左遷や降格人事が行われた後も安心して暮らすことができるでしょう。

残念ながらそうしたフォローをここまで丁寧に行っている会社は、日本ではまだまだ少数派です。むしろ失敗の責任を誰かひとりにかぶせる形の解決が行われることが多いのが現実です。日本の失敗文化の成熟のためには、少数派が多数派に変わってくることが必要ではないかと、痛感しています。

当事者間の手打ち

ここまで、失敗した人の精神的なサポートをいかに行うかという話をしてきましたが、起こってしまった失敗をどうやって収めるのかということについて、本書の最後に私の体験した例をあげて述べておきたいと思います。

失敗の後始末は「失敗した人が自分でやるのが当たり前」と考えられています。別の人が後始末をするのは「尻ぬぐい」と言って、あまりいいイメージがありません。これは実際にやってみればすぐにわかりますが、後始末を下手に人に頼んだりすると、相手や周りから「依存心が強い」とか「能力がない」という目で見られたりします。

その考え方には一理ありますが、それでも失敗した人とは別の誰かが失敗の後始末を行うのは、必ずしも悪いことではないと私は考えています。ケースによっては、そのほうが何かとうまくいくこともあるのです。

とくにそれが多くの関係者が関わる失敗の場合、後始末を誰がするかという以前に、誰に責任があるかで大いに揉《も》めます。関係者が複数でもその人たちが同じ組織の人間なら、「社長の一声」のような上からの天の声を使って強引に責任の所在をはっきりさせ決着をつけることも可能でしょう。しかし、関わっているのがいくつかの組織にまたがっているケースでは、問題はより複雑になります。

とくに賠償問題が絡んでいるときには、どちらの組織も一歩も引くことはできません。失敗の中身が死傷者を出した事故になると、責任の所在は刑事裁判の中で明らかにされるでしょう。しかしそうでない場合は、お互いが相手の非を主張するようになると、最後は白黒をつけるために裁判などの場で徹底的に戦うことになります。

こういうケースはいくらでもあります。じつは私の知っているふたつの会社も、このような問題で争っていました。二社はメーカーとユーザーという関係で、長年取引を行っていました。ところが、あるときメーカーの製造した製品で外部のお客さんがケガをする事故が発生し、その責任が刑事裁判で追及されることになったのを機に、関係が一気に悪化してしまったのです。

結局、事故の原因は被害者の不注意が大きかったことが明らかになり、両社の関係者が刑事責任を追及されることはありませんでした。でもその裁判の中で両方が「自分のところに責任はない」と主張していたので、互いに引くに引けなくなってしまったようです。刑事裁判で白黒がはっきりしなかったので、それなら「民事裁判ではっきりさせよう」となったのです。

私がそのことを知ったのは、お互いの法務部門が臨戦態勢に入って訴訟の準備を進めていたまさにその最中でした。すでに失敗の原因が明らかになっているうえに、刑事訴追を免れることができたのですから、それ以上両社が争うメリットはありません。それでも争うのは、これはもう意地の張り合い以外の何ものでもありません。

私はたまたま両社の社長をよく知っていたので、それぞれの社長と別々に会ったときに「無益なことをしているようにしか見えない」と自分が感じた印象をそのまま伝えました。そして、「そういうばかばかしいことはすぐにやめたほうがいい」とも言いました。

しかし、それぞれの社長の言い分は、「やめたいけどやめられない」というものでした。自分でも争いを続けることのおかしさに薄々は気づいていたものの、社内では法務部門を中心に戦う流れができているので、トップといえどその動きを止めることができないと言うのです。

そうはいっても、トップが本気になりさえすれば、組織の動き方を変えるのは難しいことではないはずです。そもそも組織がおかしな方向に向かっているのなら、それを軌道修正しなければならないし、それを行うことこそがトップの仕事です。私がそう力説すると、それぞれの社長はこのアドバイスを受け入れてくれて、結局訴訟を取りやめることになりました。

その後の事態収拾を契機として、両社は取引を再開させることになりました。後で両社の関係者からは「先生のアドバイスは〝時の氏神〟の声だった」と冷やかされたりもしました。おそらく裁判で実際に争っていたら、お互い消耗するだけで、得るものもほとんどなかったでしょう。

このように、当事者同士では埒《らち》が明かない場合、利害関係のない第三者が、冷静な目で状況を見て後始末に動いたほうがいいこともあるようです。

一方で、このケースでは、失敗を収拾する力があるのはやはりトップの決断であることをあらためて実感しました。トップが一段高いところから見て判断を下せるようであれば、第三者の〝時の氏神〟など必要ないのです。

「遺族の思い」を昇華する

失敗が起こった後でどうやって収めるかという問題を考えるうえで、一番辛いのは事故などで犠牲者が出たケースでしょう。

仮に事故を起こした側に致命的なミスがなかったとすると、刑事裁判の場では厳しく責任を追及されることはないでしょう。しかしそれですべてが終わりになることはありません。その場合でも、事故を起こした当事者は犠牲者の「遺族の思い」を重く受け止め続けなければならなくなります。

突然の事故で愛する人を失った遺族の悲しみはそれだけ深いものです。やり場のない悲しみに苛まれている遺族は、多くの場合、その無念さを、事故を起こした当事者の責任追及の場である裁判を通じて晴らそうとします。それは裁判以外にその思いを晴らす場がないからですが、裁判の結果がどちらに転んでも、本当の意味で悲しみが晴れることはありません。そう考えるとこのような形の失敗の収め方は、加害者と被害者の双方にとってあまりいいものではないように思われます。

私はかつて日本航空から依頼されて、「安全アドバイザリーグループ」という諮問委員会のメンバーとして活動したことがあります。ノンフィクション作家の柳田邦男さんが座長を務めたこのグループは、組織の内部にいたのではなかなか気づかなかったり、気づいても取り組みにくい問題を第三者の目で発見し、日本航空に助言を行う役割を担っていました。私がグループの一員として活動したのは二〇〇五年八月から約半年ほどですが、この間は同社の失敗とそれに対する対応などをずっと間近で見ることができました。

その活動の最中に、一九八五年の日航機墜落事故で亡くなった人たちの遺族に会って話を伺う機会がありました。その時点で御巣鷹山の事故からはすでに二〇年が経っていました。ところがそれほど時間が経っているのにもかかわらず、遺族の人たちが晴れない気持ちを持ち続けていることを知りました。

いつまでも悲しみを持ち続けるのは仕方のないことですが、そのままの状態でとどまっているのは辛すぎると私には思われます。そのことは本人たちもよくわかっているのに、それでも彼らは前に進めずにいるのです。

話を伺って私は、彼らが前に進むことができない最大の原因は、愛する人の死を「無駄死にだったかもしれない」と感じさせられていることにあると思いました。それはつまり、日本航空が事故後に遺族に対してきちんとした対応をしてこなかったということにほかなりません。

御巣鷹山事故の一番の原因は、ジャンボを製造したボーイング社の杜撰《ずさん》な修理にあります。そのことは明らかな事実でしたが、特別な協定が邪魔をして、一番の原因をつくった者たちへの責任追及は実現しませんでした。それが遺族を苦しめたのも確かですが、そのことは別にして、事故を起こした日本航空のその後の二〇年間の対応もまた、遺族にもどかしさを感じさせていた原因であるように私には見えたのです。

それは「遺族への補償」という意味ではありません。その点に関しては、五〇〇人を越える犠牲者のすべての遺族に専任者をつけてのフォローをいまだに行っているくらいですから、日本航空はむしろきちんと遺族と向き合ってきたと言えます。私が「不誠実」と感じたのは、事故そのものの扱いのほうです。

じつは日本航空は、この事故で得た教訓を一切社会に示してきませんでした。それだけでなく、その教訓が自社の安全対策に生かされている姿も、外に向かって一切見せてこなかったのです。会社の立場で考えると、事故のイメージを引きずるのはマイナスなので、事故に関する情報発信に消極的になる気持ちはわからなくもありません。日本航空に限らず、大きな事故を起こした会社はどこもそのように動きがちですが、これは遺族にしてみればたまらなく不快なことだと思います。

事故を起こしてしまった者が絶対にやらなければならないのは、「真摯《しんし》に反省すること」と、「再発防止につながる行動を起こすこと」です。少なくともこれをきちんとやらないと、遺族は納得できないでしょう。もちろんこうした事故を起こした者が本来やるべきことを真面目にやっても、遺族の気持ちが晴れないこともあります。それでも犠牲者の死をムダにするようなことを絶対にしてはならないし、それが事故を起こした者の責務なのです。

批判は批判として甘んじて受けつつ、事故から学んだことを生かして、より安全なものをつくり出していくというのが、事故を起こした者の社会的な責任の果たし方ではないかと私は考えています。それが嫌なら安全対策に巨額の投資をして、致命的な事故が絶対に起こらないようにするしかないでしょう（もちろんそれでも事故が皆無になることはないでしょう）。

じつは安全アドバイザリーグループが日本航空に対して行った提言の中には、このような趣旨のことも含まれていました。これを受けて日本航空では従来の態度をあらため、羽田空港の整備地区に「安全啓発センター」を設置し、事故の経緯を示したパネルや事故機の残骸（後部圧力隔壁、ボイスレコーダー、座席、尾翼の一部など約三〇点）の公開を二〇〇六年四月から始めています。かつての事故を再発防止に生かすという取り組みが、事故から二〇年以上経ってようやく目に見える形で実現したのです。

事故を風化させることなく、そこから得た教訓をひとつでも多く生かしてほしいというのが「遺族の思い」だと思います。そうでなければ愛する人の死がムダになってしまいます。日本航空の新たな取り組みは、その思いに応えるものだったので、遺族の人たちも一応は評価をしてくれてはいるようです。ただし、ここに至るまでに二〇年もかかったことへの不信は根強く、会社側の対応を手放しで歓迎する雰囲気まではないようです。

それでも失敗した者は、真摯に反省する気持ちを持って再発防止のための活動を愚直にやっていくしかありません。それは先ほども述べたように、失敗から得た教訓を生かして、より安全なものにしていくのが事故を起こした者としての社会的責任の果たし方だからです。

もちろんそのように動いても、遺族の気持ちが完全に晴れることはないでしょう。しかしこのようにして失敗を生かしていくことが「遺族の思い」を昇華する唯一の道なのですから、失敗した者はどんな困難に遭遇しても、自分のやるべきことをただひたすらやるしかないのです。

おわりに

私はこれまで失敗をテーマにした本を何冊か出しています。精神科医の和田秀樹さんとの対談をまとめた『東大で徹底検証!! 失敗を絶対、成功に変える技術』（二〇〇一年、アスキー）もそのひとつです。和田さんがうまく導いてくれたお蔭で、私はこの本の中ではじめて、「失敗学」のベースにある「失敗者に温かい視点」を言葉でうまく表現できたような気がしています。

実際、読者の方々からはいまでも「あの本を読んで心が和んだ」とか「落ち込んでいるときに読んだら元気がもらえた」と、ときどき言われます。でもここ数年は、感謝の言葉と同時に「あのような人に元気を与える本がなかなか手に入らないのはけしからん」と叱られる機会も増えていました。八年も前に出版したものなので、すでに書店の棚から消えており、本そのものが入手困難になっているからです。

私自身、そのことがずっと気になっていました。それは「あの本を読んで自殺を思いとどまった」という声を聞いていたからかもしれません。あの本の中で示した「失敗者に温かい視点」が本当に自殺防止につながるものなら、古い本の焼き直しではなく、そのような考えをあらためて整理してきちんと表現した本を出すべきではないか。それが本書を執筆した理由でもあります。

ところで、私の身近なところで最近、こんな事がありました。私が開いているある勉強会に参加していたSくんが事故に遭い、頸椎《けいつい》を損傷して首から下が動かなくなってしまったのです。

Sくんは東大工学部の博士課程で学んでいる学生ですが、人柄がよく非常に優秀で、周りの誰もが将来の活躍を楽しみにしていました。それだけに突然見舞われたトラブルの報に触れたときには、周りは一様にたいへんなショックを受けました。

もちろん一番ショックだったのは、思いもよらない事故で人生設計が大きく狂ってしまったほかならぬSくんでしょう。しかし本人はいたって前向きで、入院中の彼を見舞いに訪れたときには気丈にも、「これから自分が体験することを記録し続けて、一度の失敗によって人の人生がどう狂っていくかがわかるような本を書きたいと思います」と話していました。優秀なSくんのことですから、今回の災難を乗り越え、きっと将来、世の中の人たちの役に立つ本ができるのではないかと私は信じています。

Sくんの例はもしかすると極端かもしれません。でも、こんなふうにある日突然、自分ではどうしようもないことが起こり得るのが人生だと私は思っています。人が生きていく中で、辛いこと、理不尽と感じることに遭遇する場面も出てくるでしょう。でもそれでも人は生きていくのです。

そのときに必要なのは「励ましの言葉」ではありません。辛さを乗り越えるために本当に必要なのは、そのものと正対して生きていくエネルギーをつくり出すための考え方ではないでしょうか。

本書の中でも触れていますが、私は「失敗などで死んではいけない」と強く思っています。だからこそ、この本の中で私は、失敗から立ち直り、失敗と上手に付き合っていくための方法を示したつもりです。

人は誰でも失敗します。でも誰でもそこから回復する力は持っているのです。本書で示した方法が、そのまますぐにみなさんの役に立つことはないかもしれません。しかし辛い立場にある人が本書を読むことで、少しでも生きる力を取り戻すことがあれば幸いです。

二〇〇九年一月

畑村洋太郎

N.D.C.914 189p 18cm
ISBN978-4-06-287979-8

講談社現代新書 1979

回《かい》復《ふく》力《りょく》 失敗《しっぱい》からの復活《ふっかつ》

二〇〇九年一月二〇日第一刷発行 二〇二三年一一月二二日第一三刷発行

著者 畑《はた》村《むら》洋《よう》太《た》郎《ろう》 ©Yotaro Hatamura 2009

発行者 森田浩章

発行所 株式会社講談社
東京都文京区音羽二丁目一二―二一 郵便番号一一二―八〇〇一
電話 〇三―五三九五―三五二一 編集（現代新書）
〇三―五三九五―四四一五 販売
〇三―五三九五―三六一五 業務

装幀者 中島英樹
印刷所 株式会社KPSプロダクツ
製本所 株式会社KPSプロダクツ
定価はカバーに表示してあります Printed in Japan

「講談社現代新書」の刊行にあたって

教養は万人が身をもって養い創造すべきものであって、一部の専門家の占有物として、ただ一方的に人々の手もとに配布され伝達されうるものではありません。

しかし、不幸にしてわが国の現状では、教養の重要な養いとなるべき書物は、ほとんど講壇からの天下りや単なる解説に終始し、知識技術を真剣に希求する青少年・学生・一般民衆の根本的な疑問や興味は、けっして十分に答えられ、解きほぐされ、手引きされることがありません。万人の内奥から発した真正の教養への芽ばえが、こうして放置され、むなしく滅びさる運命にゆだねられているのです。

このことは、中・高校だけで教育をおわる人々の成長をはばんでいるだけでなく、大学に進んだり、インテリと目されたりする人々の精神力の健康さえもむしばみ、わが国の文化の実質をまことに脆弱なものにしています。単なる博識以上の根強い思索力・判断力、および確かな技術にささえられた教養を必要とする日本の将来にとって、これは真剣に憂慮されなければならない事態であるといわなければなりません。

わたしたちの「講談社現代新書」は、この事態の克服を意図して計画されたものです。これによってわたしたちは、講壇からの天下りでもなく、単なる解説書でもない、もっぱら万人の魂に生ずる初発的かつ根本的な問題をとらえ、掘り起こし、手引きし、しかも最新の知識への展望を万人に確立させる書物を、新しく世の中に送り出したいと念願しています。

わたしたちは、創業以来民衆を対象とする啓蒙の仕事に専心してきた講談社にとって、これこそもっともふさわしい課題であり、伝統ある出版社としての義務でもあると考えているのです。

一九六四年四月　野間省一